「本」とともに地域で生きる

南陀楼綾繁

大正大学出版会

はじめに　「本」はゆるやかにつながっている

本書は、大正大学出版会が発行する雑誌『地域人』で書いた、本屋、図書館、ローカルメディアという、「本」についての文章をまとめたものだ。

本を販売する本屋、本を所蔵する図書館、本を発行する出版社は、いわば兄弟のような関係でありながら、長い間、交わることが少なかった。さらに本屋については、新刊書店と古本屋は別の業界になっていた。

しかし、2000年代に入ってから、お互いを隔てていた壁が少しずつ溶け出してきた。それは、売り上げのピークを迎えた1996年を経て、右肩下がりが続く出版業界の危機感から生まれたものでもあった。

第一章の永井伸和さんのインタビューにもあるように、著者、出版社、取次、書店、図書館、マスコミ、読者など「本」に関わる人が集まって話し合う「本の学校・大山緑陰シンポジウム」が鳥取県でスタートしたのは、1995年だった。

一方、読者にとっては、本屋、図書館、出版社は、「本」を扱うことでは同じで、必要に応じて付き合っていけばいいものだ。2004年ごろに隆盛したインターネットのブログでは本の感想、好きな本屋や装丁、図書館などについての文章を書く人たちが現れた。

しがらみだらけの業界よりも、読者の方が本と素直に向き合っているのだと感じた。

私たちが2005年に「不忍ブックストリート」を結成し、東京の谷中・根津・千駄木（谷根千）で「一箱古本市」を開催したのは、読者が「本と遊ぶ」場所をつくりたかったからだ。その後、一箱古本市は全国各地に広がっていく。

そんな読者の気分が、次第に業界の人たちにも伝わり（というか、業界の人も同時に読者であるので）、相互乗り入れ的な試みがされるようになった。現在では、新刊書店で古本を販売する（あるいはその逆）、書店や図書館を会場に出版社の即売イベントを開催する、図書館に書店を併設する、などは当たり前のように行なわれている。

また、同人誌即売会の「コミックマーケット」（コミケ）から文字部門が独立するかたちで2002年にはじまった「文学フリマ」は、小説、詩、短歌、エッセイ、趣味、研究などの多様な表現が集まる場として注目され、商業出版社もブースを出している。

読者のニーズが、動きの鈍い業界を変えたのだ。

だから最近の私は、いっそのこと、本を扱う場所や、そこで仕事をする人を、ぜんぶ「本屋」と呼んでもいいと考えている。新刊書店も古書店も図書館もブックカフェも出版社も「本屋さん」。そう考えるほうが、本の世界の風通しはよくなるのではないか。

そうは云っても、これまでの「本屋」のイメージはなかなか崩れないだろう。だから、ここでは、本屋、図書館、出版社を「本のある場所」としてとらえてみよう。そうすることで、それぞれの固有の機能や役割が見えてくると思う。

本書では、章ごとに区切っているが、本屋である尾道の〈弐拾dB〉が雑誌『雑居雑感』を発行し、〈岐阜市立中央図書館〉で書店員のトークイベントを開催するなど、相互乗り入れが普通に行なわれている。

本書に収録した文章は、2018年から2023年にかけて書いたものだ。私が『地域人』に書いた「本」に関する文章は、(収録許可が得られなかった3カ所を除き)ぜんぶ収録することができた。

各章は、おおむね取材場所の西から東に向かって配列した。本文は取材時のままとし、その後の変化は追記として載せた。

これ以外に博物館と映画館を取材した文章もあるが、ページ数の都合で入れられなかった。他日を期したい。

読み返してみると、2020年春から蔓延した新型コロナウイルスが本の世界にもたらした影響が随所で読み取れるとともに、私たちがいやおうなく「コロナ以後」を生きていることを痛感させられる。

本書を手に取ってくれた方は、どこから読んでくださってもいい。

それが、気になった本屋や図書館には機会を見つけて足を運び、ローカルメディアを読むきっかけになってくれれば、著者としてはとても嬉しい。

「本」とともに地域で生きる……目次

第二章　図書館　郷土の「知」を未来に手渡す

第三章　ローカルメディア　小さくても届く言葉

＊本書は、大正大学地域構想研究所編集の雑誌『地域人』（大正大学出版会）の「コアコア新聞」内の連載「ローカルメディア」（2018年9月～2023年3月）および特集記事を抜粋、再構築したものです。各項目の最後の（　）内は掲載年月・号です。

装幀――岡本洋平（岡本デザイン室）

第一章　本屋　自分自身に帰る場所

新刊書店の減少が止まらない。2003年には約2万800店あったが、20年後の2023年には約1万900店と半分近くまで落ち込んでいる（出版科学研究所のデータによる）。さらに、一店も新刊書店のない自治体は、全体の30％近くに達している。

また、古書業界もネット販売が主流になり、店舗営業をやめる店も増えている。厳しい状況のなか、地域に根差した「本屋」であろうとする店を取材した。

「小さな一冊の衝撃」を大事にする鳥取市の〈定有堂書店〉は、本を売るだけでなく、教室やミニコミを通じて、読者の共同体を形づくってきた（2024年に閉店してからも、その共同体は健在だ）。

大手チェーン店から独立した掛川市の〈高久書店〉は、本屋がない地域で「走る本屋さん」を開く。小さいけれど何でも扱う「大いなる普通の本屋」をめざす。

広島市の〈ウィー東城店〉は、創業時の「万屋《よろずや》」の形態に回帰し、地元の人たちのニーズに徹底して向き合うことで、「本屋」の可能性を広げている。

荻窪〈本屋 Title〉の辻山良雄さんのインタビューにある「本を読んでいるときには、その人自身に帰っていく」という発言が印象的だった。

本屋は本と出会うことで、自分を見つめ直す場所なのだ。

香川県高松市の〈なタ書〉（p69）
撮影：宮脇慎太郎

インタビュー① 永井伸和（今井書店グループ相談役）

山陰から「本の世界」を見つめて

聞き手＝南陀楼綾繁

今井書店の永井伸和さんが発想し、推し進めた地域文庫や市民図書館運動。そして、作家、出版社、編集者、デザイナー、印刷所、取次、書店、図書館、読者。すべての垣根を取り払った「本の学校」の思想は、いまも引き継がれる。

山陰の「陰」と「光」が今井書店の原点

――〈今井書店〉は1872年（明治5）に鳥取県米子《よなご》で創業して、現在は山陰で一番大きな書店チェーンです。ここまで続いてきた理由はなんでしょう？

永井　山陰という地であったからでしょうね。山陰は鳥取県と島根県、旧藩でいうと因幡《いなば》、伯耆《ほうき》、出雲、石見《いわみ》という地域で形成されています。でも、山陰の人は争いを好まない。国譲りの神話なんて、その典型でしょう。

それと米子は日本海と大山《だいせん》、中海《なかうみ》に抱かれ、山陰の中央にある土地です。江戸時代は鳥取藩が家老に任せた自由な気風が町にあったり、明治期には5年間、島根県に併合されていた時期もあります。だから、あまり県境にこだわらずに活動ができている点があると思います。

もうひとつは、山陰の「陰」です。松江藩で松平不昧《ふまい》公が盛んにした茶の湯の文化は、茶室という狭い空間に光と陰のコントラストが生かされています。「陰」の醸し出すものを大事にしてきた土地だと云えます。

――創業者の初代今井兼文《かねふみ》さんはどんな人物でしたか？

永井　今井兼文は岡山の出身です。鳥取と岡山は同じ池田家で関係が深いんです。兼文は医学を学ぶために、長崎に遊学します。そこでシーボルトがつくった鳴滝塾に入るんです。兼文が入ったときにはシーボルトが一時帰国した後だったので、直接教えを受けてはいないのですが。兼文はそこで蘭学を通じて、世界を

永井 伸和

1942年（昭和17）、鳥取県米子市生まれ。山陰地方最大規模の今井書店グループの会長を2018年1月まで務め、のち相談役に。読書運動の推進や地方出版の育成を通じた、本による地域文化づくりに長年寄与する。1995年1月、米子市に本の学校と実店舗を設立。以後5年間「大山緑陰シンポジウム」を開催。1991年、サントリー地域文化賞を個人として、2009年には第57回菊池寛賞を今井書店グループと「本の学校」が受賞した。「本の学校」は2012年3月1日より、特定非営利活動法人として活動する。

見たんですね。長崎では活版印刷の祖である本木昌造とも出会っています。

その後、鳥取藩に召し抱えられ、米子組儒医として仕えながら、私塾を開いていました。

明治維新になると、学制頒布の機運のなか、教育が大事だと考え、〈今井郁文堂〉として本屋を開業しました。その店があったのが米子市尾高町で、長らく今井書店の本店がありました。

兼文は、人の命と同じように大事なものとして、教育や知識を捉えていたんだと思います。1884年（明治17）には本屋の隣で活版印刷所をはじめています。

初代のあと、二代目の今井兼文は初代の娘と結婚し養子になりました。この二代目が、1910年（明治43）に松江に今井書店を開設します。

三代目の兼文も同じく養子です。直系の男子がいても、あえて養子をとったのは適性を見たんでしょうね。今井家は女系なんですね。だから、今井書店の歴史は女性の目で見ると理解しやすい。

三代兼文の妻の康子は、この地域では文人として知られています。佐々木信綱門下の歌人であり、日本画を学び、上村松園にも師事しました。

——四代目が永井さんのお父さんですか？

永井　三代今井兼文の長男・今井彰は島根県の教科書販売を担当しました。長女の寿々子と結婚したのが私の父の永井準です。父は米子の今井書店を継ぎ、鳥取県の教科書販売を改組しました。次女弘子と結婚した田江武彦は松江の今井書店を継ぎます。

父、永井準の復員と文人社のはじまり

――永井さんが生まれたのは1942年（昭和17）ですね。

永井　私は父の出征中に生まれ、母が疎開していた農村部で育ちました。

父は復員してから、米子の本店を改装して、〈文人社〉というサロン兼ギャラリーをつくったんです。戦争から帰ってきたり、疎開してきた作家や画家、彫刻家などの文化人が集まって交流する、小さな空間を提供しました。「文人社申合せのこと」はいま読んでも感心します。その一節を紹介すると、こんなのです。「文化といふ大道には色々な乗物が通つてゐます、バスも電車もハイヤーも馬車も、それぞれに結構です、しかしかういふ道づれがしやべりながら膝栗毛をやるのも、一つの方法だと思ふのです。ものの分かつた連中です、語り合いテクつてゐるうちには狂歌の一つも出ようし、まんざらでない仕事も、出来てくると信じてゐます」

まだ貧弱だった図書館をよくするための図書室経営研究会も、ここで生まれました。学校の図書係の先生を東京に連れていって、出版社や取次店で選書をしたんで

す。

文人社は教育委員会の下に入らず、独自に活動していましたが、1949年に米子文化協議会が結成され、発展的解消をしました。

東京の学生生活を終え 鳥取に呼び戻されて

――永井さんは大学卒業後に今井書店に入られたんですか？

永井　そうです。私は中学2年生から東京に行ったんですが、これは父の教育方針です。父に反抗的だった私は喜んで、新宿区の西戸山中学校から戸山高校に行きました。当時は学生運動が盛んで、私もデモに参加していました。

それから、早稲田大学に通ったんですが、卒業を控えていた時期に家から帰って来いと云われました。

当時、鳥取市の最大手の書店が倒産して、そこが持っていた教科書の供給を〈富士書店〉（鳥取県教育図書販売の小売部が前身。近年、今井書店となる）が緊急に1年間代行することになった。その対応が大変だから帰ってきてくれと。大学院に行きたかったのですが、母の涙を見て諦めました。

そのとき、富士書店で働いていた社員が、私に本屋のことを教えてくれました。

みんな尊敬すべき人たちで、その後も一緒に仕事をしてきました。

――そういう本屋の現場にいながら、永井さんが商売から離れて、文化的な活動に携わってきたのはなぜですか？

永井　若い頃から父の本棚にあった硬めの本、例えば河合栄治郎とか矢内原忠雄などの本を読んだのに影響されているのかな。読書や出会った人からの影響や、文化的な環境も大きく関わっていますね。いわば地域人として経済と文化のバランスをどうとるか。私が今井書店で働いた五十余年間は、その矛盾と格闘した日々でしたね。

――図書館の問題に関わったのは？

永井　1972年に地元紙で今井書店の創業100周年記念の座談会が載ったんですが、その記事に「市立の図書館をぜひとも」「文化活動の拠点に」という見出しがあります。

当時の鳥取県には県立図書館はあったけれど、市町村立図書館はほとんどありませんでした。戦前にはあったのですが、戦後の教育制度を六・三・三制に切り替える際に、基礎自治体の負担が大変だろうということで、市町村立図書館を置かずに県立図書館でカバーしようとした。そこでは図書館とは何かということが理解されていなかった。この座談会で、三代兼文は、県立と市町村立では図書館としての機能が違うのだと云っています。

――それは卓見ですね。

永井　それで私も図書館に関心を持って、石井桃子さんの『子どもの図書館』（岩波新書）を読んだ。それから、福音館書店の松居直《ただし》さんの紹介で、まだ準備中だった東京子ども図書館の松岡享子さんに図書館について教えていただきました。

その影響で、結婚して境港市に住んだのを機に、近所の人たちに呼びかけて集会所を借り、〈麦垣児童文庫〉という地域文庫をはじめました。それが、子どもたちの未来を共に語ることで、地域が変わるという原体験になった。

その翌年だったかな、石井敦さんと前川恒雄さんの『図書館の発見』（ＮＨＫブックス）が出るんです。それを読んで、前川館長の日野市立図書館のはじまりが、移動図書館と児童文庫と知った。そこで、児童文庫のモデルにと、１９７５年、鳥取市の富士書店を新築した際に、店内に〈鳥取子ども図書室〉をつくったんです。

図書館運動から「本の国体」へ。地方と中央のギャップ

――その後、図書館運動が県内に広がっていくのですね。

永井　鳥取市で生まれた「本の会」は、倉吉、米子、境港に広がっていきました。また、児童文庫の数も増えます。

そして、1979年から数回にわたり石井さんや前川さんをお招きして、「開かれた図書館づくり」シンポジウムを開催しました。その後、「子ども図書館の三日間」として児童書の展示やお話会、人形劇、ブックモービルの展示などを行なう、いわば模擬図書館を2回開催しています。

――それらの活動が、1987年「本の国体　ブックインとっとり'87」に結実するわけですね。

永井　そうです。鳥取、米子、倉吉の3会場で約3万点の出版物を展示するとともに、講演、シンポジウム、人形劇、コンサートなどを行ないました。

じつは私がここで一番やりたかったのは、模擬図書館をつくることによって、市町村立図書館を振興することでした。次に読書推進、そして地方出版を応援するという目的がありました。市民が一緒になって模擬図書館をつくることで、図書館を身近に感じてほしいという一種の社会実験だったんです。

でも、当時は鳥取県内で図書館と云えば県立図書館のイメージが強すぎて、市民から敬遠されそうでした。それで、出版文化というテーマを前面に出したんです。

――「本の国体」と名乗ったのはなぜですか？

永井　鳥取県で「わかとり国体」が開催された2年後だったので、(国体のように)県民をあげて、と愛称を「本の国体」としたんです。ここで展示する本の下相談に東京へ行くと、地方からこういう運動が起きたことを歓迎されると思い込んでいたら、全然逆の反応でした（笑）。東京（中央）から地方はいいけれど、地方から地方をイメージさせる「本の国体」という愛称はマズイと。

――うーん。その風潮はいまでもあまり変わっていないですね。

永井　上り下りの情報の縦社会の問題と、地域と地域を結ぶ横社会の課題ですね。そこで私はあえて「本の国体」を大きく併記したのです。

それと、これは市民運動だから、あらゆることをオープンにしますと云ったら、それも困ると。とにかく、書店組合が事務局になって、公共図書館の運動をするなんて信じてもらえない時代。そんな頃から支援してくださった方々には深く感謝しています。

巡回したいと手を挙げてくれた県もあるんですが、実現できず、結局、「第17回国民文化祭とっとり２００２」で、出版文化展が開催されました。

業界の垣根を取り払った「本の学校」から生まれたもの

――１９８８年には文芸書専門店をオープンしますね。

永井　日本文藝家協会で江藤淳さんが文芸書専門店を設けてはどうかと提案したのを受け

て、「本の国体」で「文学〈遊〉空間」という模擬店舗をつくったんです。それが好評だったのと、東京・神保町の〈東京堂書店〉に文芸書専門コーナーが設置されたのを受けて、米子市の本店を改装して、30坪の文芸書専門店にしました。

——その文芸書コーナーが、1995年に米子市に設立した〈本の学校　今井ブックセンター〉に引き継がれます。

永井　「本の学校」は実店舗の部分とは別に、活版印刷機などのある本の工房、本の博物室、本の図書室を備えていました。ここを文字通りの本の学校にしようとしたんです。

——そういう構想はどこから生まれたんですか？

永井　三代目兼文は、書店員の職能教育の重要性を訴え、配送の際の地方書店の運賃問題に取り組むなど、書店業界の未来を考えていました。

私の考える「本の学校」はもっと広いもので、出版業界全体のための学校です。1993年にドイツを調査のために訪問したときに知りましたが、ドイツの出版ギルドには、出版社も流通業者も書店も全部が入っているんですよ。日本でもそうじゃないとダメだと思いました。

本の学校をつくるという提案を理解してもらうために、東京と山陰に本の学校準備会をつくって、いろいろな人に集まっていただき討議を重ねたんです。関係者にアンケートをとったり、東京の印刷博物館などの施設を見学したりもしました。

――その準備会が１９９５年から99年まで開催された「本の学校・大山緑陰シンポジウム」に発展したのですか？

永井　そうです。著者、出版社、取次、書店、図書館、マスコミ、読者まで、本に関わるすべての人が集まって話し合う場所をつくろうとしたんです。

――出版業界、図書館業界という垣根を取っ払ったのは画期的でしたね。

永井　いま振り返ればそう思いますが、当時は何が生まれるか正直、判らなかったですね。やってみたら、２泊３日の合宿で、全体会から分科会まで白熱した議論が続きました。『季刊・本とコンピュータ』が創刊するきっかけになったり、「青空文庫」のスタートが宣言されたりと、新しい動きが生まれる場になりました。

――このシンポは今井書店が全面的にバックアップしていたわけですが、経済的なことも含めて、かなりの負担になったのではないですか？

永井　「本の学校」はのちにＮＰＯ法人になりますが、この時点では今井書店のスタッフが運営にあたっていましたね。宿泊の手配から記録集の出版まで、今井書店グループが総出で関わりました。勉強になるといっても時間外勤務をさせているわけだから、いまでは到底許されませんね。

申し訳ないという気持ちがあったので、5年目が終わったときに全社員、スタッフに無記名でアンケートを書いてもらいました。それを見ると、シンポに関わった人は、何らかの感銘を受けている。それぞれに出会いや学びがあったのは事実だったと思います。

――その後、「本の学校」シンポジウムは東京で継続していますね。

永井　大山シンポを経験した若手の出版人が中心となって、2000年に「本の学校・神保町シンポジウムin東京」を開催しました。その後、06年から「本の学校・出版産業シンポジウム」として毎年東京で開催されています。

ドイツのような「本の学校」はなかなか実現できないけれど、学校の持つ教育機能はいまのようなシンポジウムや、各地での講座でもその役割は果たせるのかなと思います。「見えない学校」でもいいのかもしれません。

地域を生かす　永井さんの目指すもの

――永井さんが今井書店の実務から引退されたのはいつですか？

永井　今年（2019年）1月には、これまで一緒に今井書店グループをやってきた今井直樹と取締役を退き相談役となり、いとこの一番若い田江泰彦も代表権のない会長

（当時）となりました。いまは42歳の島秀佳社長に後を託しています。相談役という名目ですが、応援団席から現役の皆さんにエールを送るくらいが役割ですね。

――本が売れないなど出版業界の危機感が云われていますが、広く「本の世界」を見つめてきた永井さんは、地域と本の未来をどう考えていますか？

永井　鳥取モデルと云われる県立図書館と書店組合の知の協働や、ドイツモデルの本の学校をつくることになった歩みの検証を、次の世代に残す責任を感じています。

出版業界はこれまで、いろいろな方面に拡大してきました。しかし、今後は量的な拡大を求めてもしかたないと思うんです。それよりは、地域の多様性や違いを生かして、質的な進化を求めてほしいです。

（2019年10月・第50号特集「本屋が楽しい　まちが楽しい！」インタビュー）

〔追記〕永井さんは2018年1月まで今井書店グループ取締役会長を務めた。2019年1月、取締役相談役から相談役となり、2023年に相談役も退任した。2024年8月現在、今井家を継ぐ40代の今井書店グループ島秀佳社長は生き残りをかけて、地域とともにあった歩みを大きく変える改革に挑戦している。今までの知を育む地域づくりの歴史は、認定非営利活動法人「本の学校」に継承され、NPOとして自立した道を拓く挑戦が始まっている。

インタビュー②　辻山良雄（本屋 Ｔｉｔｌｅ店主）

本屋は本を売る場所からコミュニケーションの場に

聞き手＝渡邊直樹（『地域人』編集長）＋南陀楼綾繁

辻山さんは書店チェーン〈リブロ〉の店長を広島と名古屋で務めた後、東京・池袋本店で統括マネージャーのときに店の閉店に立ち会うことになる。退社後、独立し、２０１６年１月、東京の荻窪で〈本屋 Ｔｉｔｌｅ〉を開業した。

――先日お店に伺った際に、買った本にカバーをかけてもらったんですが、とてもいいですね。辻山さんの『本屋、はじめました　新刊書店Ｔｉｔｌｅの冒険　増補版』（ちくま文庫）にあるように、藁半紙で厚みがあって手触りもいい。そこに、後で店名のハンコが押してある。

辻山　場所がずれていたり、かすれていたりもします（笑）。

――それが「一期一会」の感じがあって、いいんですよね。あと、これはサーモンピンクですが、いろんな色があるんですよね。

辻山　本来は通販の配送時の緩衝材に使うような再生紙を使っているので、そのときに紙屋さんがつくった紙の色によって変わるんです。だから、色も指定することはできず一期一会なんです。

――それが期せずして、楽しみになりますよね。

辻山　店を始めるときに、そこまで考えていたわけではなかったですけど、普通に店のロゴが入っているカバーを印刷して使うより、ありものでカバーをつくったのは、うちのような店には合っていたと思います。工業製品というよりは、素人っぽい良さがある。

――辻山さんは本屋のプロだから、カバーの紙ひとつでもいまの時代が求めているようなものを見抜いているんだと思います。

辻山　良雄

1972年、兵庫県神戸市生まれ。早稲田大学政治経済学部卒業後、大手書店チェーン〈リブロ〉に18年半、勤務したのち独立。2016年、東京都杉並区・荻窪に新刊書店〈本屋 Title〉を開業。書店経営の傍ら、書評やブックセレクションの仕事も行なう。17年に刊行した『本屋、はじめました』を参考に、本屋を始める人が増えたという。最新刊は、全国にある個人書店をめぐり、その店主にインタビューをした『しぶとい十人の本屋』。

会話を交わさなくても感情が残る

辻山良雄さんは、1997年から2015年まで、大手書店に勤務した後、独立して2016年1月、東京都杉並区の荻窪に、新刊書店〈本屋 Title〉を開業する。

――1990年代から、地方でも書店チェーンの大規模な店舗が増えていきましたが、近年では個人経営の小さな本屋が増えていますね。「書店」というよりは、「本屋」と呼びたくなるんですが。『地域人』でも地域に根ざしたローカルメディアを取り上げています。そういうものが見直される時代になった気がします。

辻山　一方でグローバルなというか、本の世界だとAmazonが最たるものだと思いますけれども、利便性が優先される時代でもあります。私がリブロに勤めていたころは、たくさんのお客さまがいらっしゃいましたけど、そこでは自然と店員と消費者という関係になっていて、どうしてもギスギスしたものが生まれがちでした。

でも、Titleのような小さな店だと、お互いの顔が見えている。お客さまの名前とかどういう仕事をしているかは知らなくても、この人にこの本を手渡したという実感がある。それが淡い記憶となって、その方が次に来店された際に、前にいらしたときに買われた本に関連するような本をレジに持ってこられると、なんとなく納得したりするんです。

──辻山さんは、本屋に入ってきたお客さんが30分ぐらい棚を見て、レジに持ってきた本というのは、その人にとってもお店にとっても大事な本だと書かれていますね。それも、こういうスケールの店だからこそ感じられるんでしょうね。

辻山　あらかじめ買う本を決めていらっしゃるお客さまも多いのですが、ふと目に留まって買いたいと思うこともある。その本が置いてある場所とか、そのときのお客さまの気分によって変わってきます。そういう気持ちを誘発させる本屋になりたいなとは思っていますね。

──地方にこういう本屋が増えてきた背景には、本好きの人たちが居場所を求めていることがあるんじゃないですか。大声で人とつながりたくはないけれども、なんとなく気持ちが通じる人と出会える場所が、いまの時代に求められているのかと。

辻山　本屋に来るとき、基本的に誰かとしゃべりたいと思って来る人って少ないと思うんですよね。一人で黙ってふらっと入って、黙々と本を見て、黙って買って帰る。あるいは、うちの店にはカフェがあるので、そこでお茶を飲んで本を読む。だから、ほとんどの場合は特に会話を交わすわけでもないんです。でも、何かしらそこには感情のようなものが残っているような気がするんですよね。

本を読んでいるときには、外で働いている時間とは違って、その人自身に帰っていくんだと思うんです。だから、この店にいるときには、なるべくその人自身を解き放ってあげたいと考えています。自由に時間を過ごしてほしい。

もちろん、商売的にもその方がたくさん本を買ってくれるケースもありますし(笑)。

良い気分になって帰っていただくことが、次に来てくださることにつながると思うので。

この本を置きたい、置きたくないという基準はある

Ｔｉｔｌｅの本の品揃えについて、辻山さんは「みすず書房、白水社、筑摩書房、平凡社など人文、文芸、芸術などのジャンルに強く、本の佇まいがどれも静かで品の良いものを多く出している出版社の本からその多くを選んでいきました」と書いている(前掲『本屋、はじめました』)。

――雑誌などで「私の本棚」みたいなコーナーがありますよね。作家や学者の頭の中を覗いているような面白さがあります。Ｔｉｔｌｅの棚に並ぶ本は、辻山さんが選ばれたものですが、ご自分の家の本棚と同じではないですよね？

辻山　やはり売るための本棚ですから、いまの流行りということも考えますし、ベストセ

ラーも少しですがあります。でも、個人でやっている店ですから、この本を置きたい、置きたくないという基準のようなものはあります。全部自分で読んだのかとかよく聞かれますが、もちろんそんなことはできません（笑）。ただ、いま流通している本のなかで、やはりこういうものはおすすめしたいとか、自分なりの物差しでさまざまなジャンルの本から幅広く置いていくようにしています。

いわゆる本好きの人が来て、「おっ！」と思われるだろう本だけじゃなくて、あるテーマに興味を持った人への入り口のような本も置く。ライトな本からハードな本までという感じです。

――本屋さんは、自分自身のためにも、お客さんのためにも、つねに学び続けていかないと、時代から切り離されてしまう。現役でないと成り立つのが難しい商売という気がします。

辻山　そうですね。いまはSNSでリアルタイムにいろんな言葉が飛び交っています。Ｔｉｔｌｅでも、ツイッター（現・Ｘ）で「毎日のほん」と題して一冊を紹介しています。それをご覧になって、店に来てくださるお客さまも多いです。

そういうSNSの動きに合わせる一方で、すぐ消費されていくものだけだとやっぱり寂しい。たとえば、いまはフェミニズムや生きづらさについての本が増えています。もちろん大事なテーマなのですが、一時消費されるだけではなくもう少し先にある思想とか普遍的なものを考えるような本を置いていきたい。そのバランスが大事です。

それと、本屋に来ても、自分が何を読みたいのか判らない、何を読めばいいですか？　と聞いてこられる方が結構増えてきた印象があります。

店主の読書体験がその店独自の面白さになる

Ｔｉｔｌｅは、ＪＲ荻窪駅から徒歩10分ほどの青梅街道沿いにある。築70年の古い建物をリノベーションし、１階の手前を本屋に、奥をカフェ、２階をギャラリーとした。本屋部分の面積は50m^2ある。

――Ｔｉｔｌｅの建物は昔神保町にあったような看板建築を生かしながら、新しくデザインされていますよね。なんだか昔からここにあったように思わせる佇まいですよね。

辻山　本当によくこういう物件に巡り会えたな、と思いましたね。古さというのはお金を出しても買えないものですから。それらしく見せることはできるかもしれませんが、やはり本当に古いものは見たらすぐ判ります。だから、とてもありがたい出合いでした。

――支店を出しませんか、という話もあったそうですね。

辻山　リブロにいたとき、上司から「その仕事はもう他の人に振れないか」などとよく云われました。でも、仕入れ方などのノウハウは伝えることができても、本の品揃えには担当者そのものが反映されます。結局はその人がどんな本を読んだかだけじゃなくて、どんな映画を見たかとか、どんなところを旅したかとか、そういうものが全部、勝手に表れてしまう。それがその店の独自の個性だったり、人を惹きつける要素になる。

だから、支店を出したとしても、その個性が薄まっちゃうと思うんですよね。いまの店の縮小版にしかならないし、そうすると見る人が見たら、そんなに面白くないし、イメージを消費するだけのものになってしまいます。もともとそういう気持ちで始めた店ではないですし。

その人にしかできないことを磨き上げて、追いかけていくのが、こういう店の面白さだと思うんです。それが生き残る道でもあるんじゃないでしょうか。他に代えがきかないということが大事なんです。

――この店以外で、本のセレクトの仕事もされているんですよね？

辻山　そんなに多くはないんですけれども、カフェで本を置きたいという依頼を受けて、そこの本棚をつくるということはありますね。

一緒につくり上げていく著者と小さな本屋のいい関係

――この前伺ったときもコーヒーがとっても美味しかったです。やはりコーヒーと本はセットみたいなところもありますね。

辻山　カフェは妻が担当しています。店を始めるときに、一緒に働きたかったということが大きいですね。本屋を家族で営む場合、私と妻で交代で店番をするやり方もあります。でも、妻はそんなに本に詳しいわけでもないし、飲食の仕事で働いていた経験もあります。ひとつの屋根の下で、私が本とギャラリーをやって、彼女がカフェをやるという役割にする方が自然だなと思いました。

もちろん、私自身もコーヒーを飲むのは好きですし、店にこういう空間があればいいとも思っていましたが、妻がカフェをやるのでなければ、私にとってはあまり意味がないんです。アルバイトを雇ってカフェを経営するというのでは、それこそ消費的というか、ただビジネスのためだけにやっている感じになってしまう。どちらかというと、辻山家が提供できる仕事として、本もあるし、コーヒーもありますよと。最近はそういう風に思うようになりましたね。

――最近、組織に属していた人が独立して、東京でも地方でも何かやろうという人が増えてきた。やはりそういう人は、消費者と生産者というだけじゃなくて、生活者という視点を大事にしています。僕（渡邊）たちの世代が振り返らなかった家庭のことも大切にしている。そういう生き方が広がっていけば、日本も悪くない国になっていくんじゃないかなと思います。

辻山　家族によってそれぞれかたちや事情が違うのでしょうが、うちの場合はたまたまこういう風になってラッキーだったとは思います。

――2階のギャラリーも、ほどよい広さですね。絵画だったり写真だったり、さまざまな展示をされています。また、トークイベントも開催されていますね。

辻山　リブロにいたころから、原画展やトークイベントは企画していました。ただ本を売るだけじゃなくて、つくり手が来て話してくれることで、お客さんも新しい体験ができる。

私自身も、聞き手を務めたりすることを通して、その著者の本をきちんと読むことになります。いろいろなものを吸収できる機会になりますし、その方との関係も深まっていきます。

――著者やアーティストなど表現する人の側も、個人の小さな本屋さんを応援しているように見えます。

辻山　大手の書店チェーンだと、担当者がいかに熱心でも、ひとりの著者ばかり取り上げているわけにはいかないし、ひとつのパーツみたいになってしまう感じはあるかもしれません。それに対して、こういう小さな本屋だと、その人に丁寧に向き合って、一緒に展示やイベントをつくり上げていくことができます。そういう動きを見ている著者やアーティストが、自分もそういう店でやってみたいと思ってくださるのかもしれません。

――出版社もそうですよね。特に「ひとり出版社」と呼ばれる小さな出版社の本が個人経営の本屋さんに並ぶのは、互いに認識してくれるからということもあるんじゃないでしょうか。

辻山　夏葉社《なつはしゃ》やミシマ社の人に、Ｔｉｔｌｅでの本の売れ行きが大手のチェーン店とあまり変わらないと聞いたことがあります。小さな出版社からすると、その本がどういうルートをたどって、どんな読者の手に渡ったかを知りたい。そのためには、チェーン店の本部を通して大型書店にたくさん入れて返品されるよりも、部数は少なくてもきちんと売ってくれる本屋を全国にどれぐらい持っているかが大事なんだと思います。

大手書店では感じることがなかった感覚

「もちろん同じ商売とはいえ、その内容や役割は時代とともに変化していく。店まで行かなくても本を買うことができる時代では、本屋という場所自体が、これまでとは違う意味を帯びてくる。最近できた店を見ていると、本屋は〈本を売る場所〉といったこと以上に、〈本を媒介としたコミュニケーションの場〉になりつつあると感じる」（前掲『本屋、はじめました』）

――荻窪で開業して5年が経ったわけですが、本屋という商売と地域の関係をどのように考えられていますか？

辻山　リブロの池袋本店にいたときは、いろんな場所からいろんな目的でお客さまがいらっしゃいました。荻窪で店をやっていても、いろんな場所からいらっしゃるのは同じですが、なんとなく顔が見えているところはありますね。

今日も家から自転車でここまで来るときに、うちの店によく来るなという人に2、3人すれ違いました。なかには「あ、どうも」と挨拶する人もいます。ずっと続けてうちで買ってくださると、その人の好みも判ってくるし、家の本棚までなんとなく見えてくる気がする。それがこの地域全体の傾向だとは云えないですけど、何かしらその人の、大きくいうと思想に関わっているんだなということを思っていますね。

いまのところはまだ地域の祭りに参加したりはしていませんが、近隣のお店に本を卸したりとか、そういうお客さんとの関わりのなかで、うちが深くその人の家の

中まで入り込んでいるみたいな感じはあります。昔からそれぞれの土地でやってい
る個人のお店の方は、そういう感覚をお持ちなんでしょう。それは大手書店にいた
ときは、あまり感じることはなかったです。

――地方にある個人の本屋をご覧になって、東京と地方ではなにか違いを感じられます
か？

辻山　商圏ということでいえば、おそらく地方の方が広いと思います。東京は町の人口密
度が高いので、商圏が地方よりは狭くなっています。ただ、やっていることは変わ
らないなというような印象はありますね。その本屋がどういう品揃えをして、そこ
に集まってくる人と関わっているあいだに、何が生まれてくるか。イベントをやっ
たりして、それがまた品揃えに反映される。東京でも地方でも、その辺は変わりな
いかなという気がします。

――地方で個人の本屋が増えているのはうれしいですが、その一方で、商売として成り
立っているのかなという不安もあります。続けていくためには、何が必要でしょう
か？

辻山　自分が地方で個人店をやっていないので想像するしかないですけど、東京は本を買
う人の数には恵まれていますし、質もそうですよね。人文書の9割ぐらいは関東圏
で売れているということを聞いたことがあります。Ｔｉｔｌｅも東京にあるから、

本をメインにしていてもわりと人が来てくれますが、地方ではそういうわけにはいかないですよね。

福岡市の〈ブックスキューブリック〉は、箱崎店で「ほん屋のぱん屋」というパン工房を営んでいますよね。ほかにも、新刊と古本を一緒に置いている本屋もあれば、平日は別の仕事をして土日にだけ開ける本屋もあります。だから、その地域で必要とされることをとことん考えて、やっていくしかないと思います。

日常は変わっても、できることを変わらずやっていく

――新刊の『小さな声、光る棚 新刊書店Titleの日常』（幻冬舎）では、昨年（2020年）春に新型コロナウイルスが広がって以降の日々を書かれていますね。

辻山 この本では昨年末までのことを書いているんですが、今年（2021年）になってさらに世の中が混沌としてきたという気がしますね。オリンピックの騒動もあって、お客さんも我々も昨年よりもさらに疲れを感じていると思います。

その分、今年の方がより言葉にしづらいものが多いのかもしれないですね。去年はこうした感染症自体はじめてのことでしたし、店がなくなってしまうという危機感が強かった。感染者数は今年の方が増えていますけど、世の中の危機意識は去年

の方が強かったし、自分でもそうだったので、言葉が勝手に出てくる感じはありました。そういう状況が長引くなかで、だんだん平坦化されて、疲れて流されていくみたいな、何とも云いようのない世の中になってきたなという気がしています。

――そんななかで、本屋としてどうしていこうとお考えですか？

辻山　それは、あんまりないんですよね。遠くからいらっしゃるお客さまは減ったし、イベントができなくなった一方で、ウェブショップの売り上げが伸びたという変化はあります。それに対応して、やりかたを変えている面はあります。

でも、長い目で見ると、結局本を仕入れて、紹介して、売ってという本質は変わらないと思うんです。これからも、同じようにやっていきたいです。

（2021年11月・第75号特集「本屋は続くよ」インタビュー）

長崎書店（熊本県熊本市）

――「地域性と文化性」を軸にした熊本ならではの本屋

「熊本のまちはコンパクトだから、遅くまでいても歩いて帰れるのがいいんです」と、取材に同行したカメラマンの女性が云う。彼女が運転する車の真正面には、大天守の外観を取り戻しつつある熊本城が見える。その前の通りには路面電車が走っている。

たしかに、熊本の中心街は熊本城と熊本交通センターに近い、上通《かみとおり》と下通《しもとおり》の商店街で形成されている。上通は周囲に学校が多い文教地区であり、旧制五高（現・熊本大学）の先生や学生も通ってきた。そのため、いまでも新刊書店、古書店が立ち並ぶ。

上通のアーケードの中ほどにある〈長崎書店〉は、創業１３０年の老舗新刊書店だ。後述する〈長崎次郎書店〉の支店として、１８８９年（明治22）に創業した。現在の建物は１９８５年に落成したものだが、屋上には昭和初期の灯屋が移築されている。

「創業者は、学校で学ぶ子どもたちのための教科書を供給するという使命感を持っていました。以前は書籍のほかに学校の教材やスポーツ・理科用品も扱っていました」と四代目の社長、長崎健一さんは云う。

家業が地元の誰もが知っている本屋であることが「ちょっと恥ずかしいけれどうれしか

った」という長崎さん。子どもの頃はマンガばかり読んでいたが、2001年に入社して、入荷する本を毎日触っているうちに、本が好きになった。創業120周年を機に代表取締役社長に就任した。

売り場面積は約100坪。06年にリニューアルし、ギャラリーを併設、居心地のいい空間をめざした。

「まちの本屋として、雑誌、コミック、文庫など基本となる商品をきちんと提供するとともに、『地域性と文化性』を軸に、熊本の本屋ならではということを感じてもらう棚づくりを心掛けました」と長崎さん。

その言葉通り、正面入り口の右側には郷土関係の棚が4本もある。県内の取次を使ったり、著者から持ち込まれたりして、まんべんなくそろっている。ことに水俣に関する棚には、どっしりとした厚みを感じる。

人文書の品ぞろえにも定評がある。新刊情報をキャッチして、いち早く仕入れ、きちんと並べて売る。また、リニューアル後はライフスタイルについての本を充実させたことで、暮らしに関心の強い女性客が増えている。

一番奥で異彩を放つのが4本ある「精神世界」の棚だ。「悟り」「ソウルメイト」などのキーワードで細かく分類されている。「私自身、身体が弱いこともあって、心の健康についての本を読むうちに、このジャンルの面白さを知りました」と担当の石川龍一さんは云う。毎日のように通い、この棚の前に立つ熱心な客が多いそうだ。

それぞれの棚を担当するとともに、丁寧に感じよく接客できるスタッフを育てるために、本棚担当者全員がＪＰＩＣ（出版文化産業振興財団）主催の「読書アドバイザー養成講座」を受講し、本や読書について学ぶ。

「上京する機会に、出版社の人や著者に会って人脈を広げるように云っています。それが仕入れやフェアなどの企画につながることも多いです」

そうやって力をつけたスタッフが企画し、店内の何カ所かでフェアを行ない、ギャラリーの展示、３階ホールでのトークイベントと広がっていく。

震災後にさらに深まる地域とのつながり

長崎書店が築いてきた地元の人たちとの縁をかたちにしたのが、２０１０年から3回開催した「Ｌａ！ Ｂｕｎｋｏ」だ。熊本在住もしくは出身の１００人が一冊の文庫を選ぶフェアで、開催中に２０００冊も売れたという。

「地元の人が勧めた本ということで、反響が大きかったです。既刊の掘り起こしにつながるとともに、熊本に関わる著名な方たちと知り合って展覧会やトークイベントを開催するきっかけになりました」と長崎さんは云う。

このとき選書に参加してもらったことが縁となり、16年秋には水俣市出身の漫画家・江口寿史さんの展覧会を上通商店街で開催。長崎さんが企画発案から関わり、商店街、熊本市現代美術館、テレビ局に呼びかけて実現させた。

「本屋という仕事を通じて、著者、編集者など出版物に関わる人たちとのコミュニケーションが生まれた。その経験を地域のために提供できたことがうれしかったです」

この年の4月には熊本地震が発生。本震の3日後には、客が入れないエリアを一部残して再開した。

「棚付近など危険な場所には、スタッフが本を取りに行きました。通常営業に戻ったとき、お客さまがうれしそうに棚を眺めていたのが印象的でした。日常が戻ってきたという実感がありました。レジには行列ができ、避難所で子どもが読む絵本やマンガ、ドリルがよく売れました」

このときギャラリーで開催予定だったのが、熊本在住の若手画家・松永健志さんの個展だ。小さなアートアワードで「ナガショ賞」を授与したことから展示を企画。震災の1年後に、2000枚の色鉛筆画を展示販売したところ、すべてが完売した。「1枚200円という価格にしたこともあり、小学生や中高生も楽しんで買ってくれました。今年（2019年）5月には油絵の個展を開催しましたが、こちらも完売でした」

本屋が地元のアーティストを育てる「場」になったわけだ。

震災から3年たち、商店街のにぎわいは戻ってきたが、書店経営の厳しさも感じている。「これからも地域のお客さまの支持を得られるような品ぞろえやイベントを試行錯誤していきたいです」

(2019年10月・第50号特集)

長崎次郎書店（熊本県熊本市）

――築95年、登録有形文化財の建物で暮らしに役立つ本を売る

熊本市新町は、隣接する古町と並び、加藤清正が熊本城を築城した際に形成された城下町だ。〈長崎次郎書店〉は1874年（明治7）、ここで創業した。現在の建物は1924年（大正13）に保岡勝也の設計で建てられたもので、国の登録有形文化財に指定されている。

店名は創業者の長崎次郎から付けられ、森鷗外の『小倉日記』には、店主を訪ねてここに来たという記述もある。

以前は主に教科書や官報を扱う書店だったが、経営者の引退により親戚である長崎書店の長崎健一さんが経営を引き継いだ。2014年7月にリニューアルオープン、このとき、

ギャラリーも併設した。

「広域商店街にある本店に比べると、この店は住宅地にあるので、住民の方の生活に役立つ本を中心にしました」と長崎さんは狙いを語る。

同店の棚を見ると、たしかに実用書や児童書がよくそろっている。

「たとえば食については、レシピなど基本的な本を置くとともに、飲食店を営む方が使うような専門的な本や、食の安全に関する本も並べています」と実用書担当の甲斐栞《しおり》さんは云う。

児童書コーナーには子どもが座れる小さな椅子を置き、本のほか木のおもちゃも扱う。

文芸や人文、郷土本の棚もしっかりある。熊本在住の坂口恭平さんの本は、本店よりも売れ行きがいいそうだ。

「ご本人が近所にお住まいで、ツイッターで書いたりしてくださっているからでしょうか。人文はケアや学校など身近な問題を取り上げた本を目立たせるなど、一般の人が手に取りやすい品ぞろえにしています」と云うのは齊藤仁昭さん。

本店の長崎書店とは別に、独自の仕入れをしている。時代小説のコーナーに、『日本史年表・地図』（吉川弘文館）を置いたり、飲食の棚に『聞き書　熊本の食事』（農文協）を置くなど、担当のスタッフの工夫が見えるし、それが着実に売り上げにつながっている。

2階には長崎次郎喫茶室があり、窓際の席からは、路面電車が通っていく様子が見下ろせた。

〔追記〕長崎次郎書店は２０２４年６月末より休業中。

（２０１９年10月・第50号特集）

橙書店《だいだい》（熊本県熊本市）

――熊本の文芸誌『アルテリ』を発行する本屋

〈橙書店〉は店主の田尻久子さんがひとりで営む小さな本屋だ。でも、〈長崎書店〉と同じぐらい熊本の人に愛されているし、この店をめざして熊本にやってくる人も多い。

下通商店街に隣接した新市街の玉屋通りという細い小路に、田尻さんが〈ｏｒａｎｇｅ〉という店を出したのは２００１年のこと。

「会社員として10年以上働いているうちに、自分ひとりでできる仕事をしたいと思いました。それで、自分がいられる場所をつくろうと思ったんです。子どもの頃からコーヒーを飲むのが好きで、昔ながらの喫茶店に通っていたので、自然と喫茶店に決まりました」

知人に紹介された空き店舗が気に入り、半分を喫茶スペースとし、もう半分に雑貨や新刊を置いた。また、2階はギャラリーとして展示も行なった。

本は出版社に直接連絡して仕入れた。書店以外での直販がまだ少ない頃だったので、出版社に何者かと不審がられたこともあるという。

2008年には隣の店も借りることになり、壁に開けた穴を行き来して、orangeと橙書店のふたつの店を営むようになった。当初は1000冊ぐらいだった本も次第に増える。直取引だけで50社から本を仕入れ、取次の子どもの文化普及協会（クレヨンハウスが運営）も使うようになる。

2007年、あるきっかけで熊本とカリフォルニアに住む詩人の伊藤比呂美さんの朗読会を開催。その後、朗読会やトークイベントを行なうようになる。

「その後、東日本大震災で自粛ムードになっていたとき、チャリティーで伊藤さんの朗読会を行ないました。急に決めたので告知する暇もなかったのですが、当日は店の前に行列ができるほど多くの人が集まってくれました。外に募金箱を置いていたら、通りがかったサラリーマンが1万円入れてくれました」

2016年2月には、地元在住の評論家の渡辺京二さんを中心とする雑誌『アルテリ』を創刊。田尻さんはその編集責任者となる。

「渡辺さんに編集会議に来てくれと誘われて行ったら、いつの間にか実務を担当することになって（笑）。やっと雑誌ができてうれしいと思っているところに、熊本地震が起こりました」

文学の近くでこの場を愛する人たちと

地震発生の数日後、まず書店を再開。家が被害に遭ったという人が読む本が欲しいと、買いに来てくれた。当初は無料でコーヒーをふるまっていたが、常連客が「お金を払って飲みたい」と云い出し、喫茶も再開することにした。

その後の豪雨で店に雨漏りがするようになり、引っ越しを決意。以前の場所からさほど遠くない古いビルの2階に移転し、16年10月にオープンした。

「引っ越しを手伝うと申し出てくれたお客さんに後押しされるように、内装工事の最中から本を入れました」

現在の店は本屋と喫茶が同じスペースにあり、隣の小部屋をギャラリーとして使っている。『アルテリ』の編集や、田尻さん自身が文章を書く機会が増えたため、定休日を設けた。

『アルテリ』は年2回発行。有名無名にかかわらず、熊本や橙書店に関わりがある人に声を掛け、寄稿してもらう。全国の約50店で販売されている。地方発信の雑誌のなかで、いま一番読まれていると云ってもいいだろう。

「熊本という地域をとくに意識してはいませんが、石牟礼道子さんの存在は大きいですね。私も20代で『苦海浄土』を読んで以来、水俣病のことを知ったからには考え続けなければならないと思ってきました」

学校で教わるときと違い、文学は生の声を伝えるし、より深く人の心に触れることができる。文学の近くにいられることが、田尻さんが本屋を営む理由なのだという。

「店のなかにいると、本に見られているような気になることがあります。『本の目』を意識するんです。もし、私がこの空間に一冊でもヘイト本を置いたら、お客さんは怒りだすか心配するかでしょう。私が選んで置いた本に反するようなことはできないと思います」

「私はものぐさだから、自分からやろうとすることはあんまりないんです」と笑う田尻さんだが、橙書店という場所とここに並ぶ本を愛する人たちがいる限り、今後も何か新しいことが起こり続けるだろう。

（2019年10月・第50号特集）

〔追記〕渡辺京二さんは2022年に死去。『アルテリ』は2024年8月に第18号を発行した。

舒《じょ》文《ぶん》堂《どう》河島書店（熊本県熊本市）

――熊本の中心街で１４２年、古書目録の注文は海外からも

熊本市の上通商店街のアーケードが終わり、並木が続くエリアを並木坂という。この辺りには古本屋が3店も並んでいる。なかでも、１４２年という歴史を誇るのが〈舒文堂河島書店〉だ。なにしろ、熊本在住時の夏目漱石が頻繁に通ったという老舗である。

「初代の河島又次郎は刀の柄巻《つかまき》の職人でしたが、西洋嫌いで死ぬまで丁髷《ちょんまげ》頭だったそうです。又次郎は、西南戦争後の１８７７年（明治10）に和漢書を扱う古本屋を上通に開きました」と歴史を語るのは、四代目の河島一夫《いつお》さんである。

書物を広めるという意味の「舒文堂」という屋号を使ったのは三代目からで、熊本の国文学者の遺稿集などの出版も行なっている。

一夫さんは國學院大學を卒業後、熊本に戻って店を継いだ。古書業界の重鎮だった〈弘文荘〉の反町茂雄の薫陶を受けて、１９７７年にはじめて古書販売目録を発行する。稀覯《きこう》書・貴重書と呼ばれる高価な古書を扱い、九州の郷土誌、古文書、和本などの在庫は、他店の追随を許さず、日本全国のみならず海外からも注文が来る。目録は今年（２０１９年）第50号に達している。

「近くに県庁があったことから、上通には文具店や紳士服店、時計屋が何店もありました。また、戦前から旧制五高生や済々黌《せいせいこう》(旧制中学)の学生が集まってきていました。卒業アルバムに載っているまちなかの写真には、うちの店がよく出てきます」と一夫さんは云う。この街の歴史に詳しく、商店街に資料も提供している。

「店は『見世』という言葉から来ているように、お客さんに品物を見せて売るのが商売です。古本屋もお客さんに来てもらって、こんな本があるのかと手に取ってもらったり、本を売りにきてもらうことが必要です。うちのように中心商店街で100年以上も営業している古本屋は、全国にも珍しく、恵まれていると思います」

若い世代に刺激を受けてゆっくりと変化する

一夫さんの長男で五代目となる康之さんは、明治大学を卒業後、〈雄松堂書店〉に入社したのち熊本に帰って、この店で働く。

「私が戻ってきた12年前と比べると、この通りのお店はかなり変わりましたね。でも、いまのところ空き店舗は少ないですし、上通には落ち着いた雰囲気があって、騒がしい商売の店が入ってこないのがいいところだと思います」と康之さんは云う。

近年、新刊書店と同じく、古書業界の売り上げは減少しつつある。以前は大学や図書館、あるいは個人のコレクターなど大口の客を抱えていたが、バブル崩壊後は厳しくなった。

「父の頃に比べると、やはり規模が小さくなりましたね。その分、ネット販売やSNSでの情報発信に力を入れています。インターネットの『日本の古本屋』には、早い段階から参加し、いまでは3万点を登録しています。また、この数年で近くに〈汽水社〉や〈タケシマ文庫〉（その後、近隣に移転）など、若い世代の店主による古本屋がオープンしたのにも刺激を受けています」と、康之さん。

上通にどっしりと根を下ろした舒文堂河島書店の四代目と五代目は力を合わせて、古書の世界の変化に対応しようとしている。

熊本県内の高速バスや路線バスの拠点であった熊本交通センターが、市民に惜しまれつつ2015年で営業を終えた。その跡地が再開発され、2019年9月11日、〈サクラマチクマモト〉という大型商業施設として生まれ変わった。さらに、2年後には熊本駅の駅ビルも建て替えられるという。

だんだんと変わってゆく熊本のまちにあっても、まちの本屋は、地域の人たちからずっと必要とされるはずだ。


（2019年10月・第50号特集）

ナツメ書店（福岡県福岡市）

――なんとなく読みたい気分の人に手に取ってもらえる本を

福岡市東区の博多湾に面した西戸崎《さいとざき》には、終戦後に米軍基地が置かれ、現在でも米軍ハウスなどその痕跡があちこちに残る。かのマリリン・モンローも慰問に来たそうだ。２０１７年10月、この町でオープンしたのが〈ナツメ書店〉だ。時計店だった築１００年の建物をリノベーションした。

じつはナツメ書店には前身がある。

店主の奥由美子さんは宮崎市生まれ。福岡の大学を卒業後、北九州市の一般社団法人リノベーションまちづくりセンターで働く。２０１４年、その活動の一環として、本屋を開くことになった。由美子さんは学生時代に福岡市の〈ブックスキューブリック〉箱崎店でアルバイトをしたことで、いつか自分でも本屋をやりたいという夢を持っていた。それが思わぬ形で実現したわけだ。愛読する夏目漱石にちなんで、ナツメ書店と命名した。

この店ではまちづくり、アートの本やリトルプレスを扱った。私も何度か行ったが、５坪ほどの狭い店内に、個性的な本が並んでいた。その後、同じ場所で独立するが、移転に伴い17年に閉店した。

西戸崎への移転とカフェの開店

由美子さんは独立した年に、夫の奥雄祐さんと西戸崎を訪れ、のんびりした空気が気に入る。ナツメ書店の移転とともに、コーヒー好きの雄祐さんが〈Sleep Coffee and Roaster〉というカフェを同じ場所で営む。

店の広さは12坪ほどと広くなった。以前は出版社との直取引がメインだったが、現在は子どもの文化普及協会やツバメ出版流通などの小取次も使う。ほとんどが買い取りだ。「直取引が多いので、委託だと管理が大変です。それとある程度、売れる冊数が見極められるようになりました」と由美子さんは云う。

出版社の刊行物も多いが、少部数のリトルプレスが目立つ位置にある。児玉由紀子の詩集『新しい日の真ん中に』、メキシコの木彫り人形の作品集『ANIMALS FROM OAXACA』、富山で発行する『山と人』など、ついつい買い込んでしまう。

「自分のいいと思う本を仕入れて、おすすめしています。お客さまに聞かれたときは、いま、どんなことにご興味があるかを尋ねてからすすめる本を選びます。なんとなく本が読みたいと思っている方に、きっかけになるような本をお渡ししたいです」

展示やトークイベント、ライブも行なっているが、コロナ禍により開催できなくなり、昨年（2020年）4月には店舗も休んだ。その代わりにオンラインショップでの販売に力を入れた。

「もうひとつはＹｏｕＴｕｂｅです。お店に来たような気分になってほしくて、今年（２０２１年）５月から毎朝７時に『朝のコーヒー今日の本』という配信をしています。紹介した本がオンラインショップで売れることもあります」

また、福津市の衣料雑貨店〈ｎａｎｋａ〉で毎月５日間出張販売もしている。

「コロナ禍で本が読めなくなったという人も周りにいます。そんななかで、柔らかさや余白のある本を手渡していきたいと思います」

ひとりの読者にふさわしい一冊を届けることを大事にする本屋だ。


（２０２１年11月・第75号特集）

〔追記〕２０２２年11月、福岡県古賀市に〈ナツメ書店〉古賀店がオープンした。

ブックスキューブリック（福岡県福岡市）

——ここが「人の集まる場所」。本屋が地域にあるということ

「昨年（２０２０年）４月の緊急事態宣言のときは、休むかどうか悩んだけれど、営業を続

けました。周囲の大型書店が休業したことで、お客さまからは『こんな時期に開けてくれてありがとう』と云われました。改めて本が買える場所を必要とする人が多いことを確かめられて、原点に立ち返ったような気持ちになりました」

そう語るのは、〈ブックスキューブリック〉の大井実さんだ。福岡市生まれで、ファッション関係の仕事に携わったのち、2001年4月にけやき通りに同店を開店。その経緯は『ローカルブックストアである　福岡ブックスキューブリック』(晶文社)に詳しい。

「けやき通りは繁華街の天神からそれほど遠くなくて、オフィスと住宅が混在するエリアです。ここなら自分がこだわる本を置いても、お客さまが付いてきてくれる店にできると思いました」

書籍と雑誌のどちらもよく売れ、右肩上がりの売り上げが続く。06年からは毎年秋に本のイベント「ブックオカ」を開催。けやき通りでの一箱古本市やトークイベント、展示、書店でのフェアなどを企画し、福岡が「本の町」であることを全国に知らしめた。

女性の手に本とパン　箱崎店に漂ういい匂い

2008年10月、東区の箱崎にブックスキューブリック箱崎店を開店。雑誌の売れ行きが落ちてきたことに危機感を持っていたことや、この地との縁があった。

「筥崎宮《はこざきぐう》の門前町で、新旧が混在した面白い町です。子育て世代が多いので、絵本や雑貨を増やすなど、けやき通り店とは大きく構成を変えました」

客層は7割が女性。「最近は、本にお金を使ってくれた若い男性が、本以外のところに情報を求めているような気がします」と大井さん。スタンダードな教養が共有されていない時代なので、その本の良さを丁寧に伝えるように心掛けている。

出版社との直取引にも積極的で、インドの絵本『夜の木』（タムラ堂）は、12年の刊行以来売れ続け、年間150冊に達している。

2階にはカフェとギャラリーがあり、トークイベント、ライブ、展示などを頻繁に行なう。

「ここでしか味わえない体験を提供することで、人が集まる場所にしたいと考えました。私も、いろんな著者のトークを司会することで場数を踏むことができました（笑）」

16年には2階にパン工房をつくり、「BKベーカリー」と名づけた。愛称は「ほん屋のぱん屋」だ。焼き立てのパンを販売するので、店内にはいつもいい匂いが漂う。取材時も、本と一緒にパンを買っていく人が多かった。

社会を楽しくする本屋をつくろう

ブックスキューブリックはこれ以上支店を出す気はないと云う。

「人の管理が大変なんです。それと、いまの福岡市は再開発ばかりで、土地の歴史を大事にしていない」

一方で、県内には本屋がない地域が増えている。そういう場所に本屋をつくる手伝いをしていきたいと、大井さんは語る。

そのひとつが、2021年9月に八女《やめ》市にオープンした〈うなぎBOOKS 旧塚本邸〉だ。アンテナショップの〈うなぎの寝床〉が古民家を改装して開業。書店員として働いていた女性が店長となり、大井さんはアドバイザーを務める。

「他にも本屋の立ち上げやリニューアルのアドバイスをしています。人間は自分の持つ能力を最大限に発揮すべきだと思うんです。これまで私がやってきたことを伝えて、社会に還元していきたい」

大井さんがブックスキューブリックで貫いてきた独立独歩の精神。

それを受け継ぐ本屋があちこちに生まれたら、社会はもう少し楽しくなるだろう。

（2021年11月・第75号特集）

本のあるところ ajiro《あじろ》（福岡県福岡市）

——出版社がつくった本屋&カフェ

書肆侃侃房《しょしかんかんぼう》は福岡に拠点を置く出版社でありながら、地元に関する本だけでなく、文学、エッセイ、旅など幅広い分野の本を刊行。とくに韓国文学をはじめとする海外文学や短歌の本を精力的に出している。

〈本のあるところ a・j・i・r・o〉は、その書肆侃侃房が運営する本屋&カフェだ。といっても、同社の本を置くだけでなく、各社が出版する海外文学や詩歌の本を並べている。

「以前から本のある場所をつくりたかったんです」と語るのは、代表の田島安江さん。ライターを経て編集プロダクションを設立。2002年に出版活動を開始した。

16年、翻訳家・作家の西崎憲さんが編集長を務める文学ムック『たべるのがおそい』を創刊。その手応えがあったことで、出版する本の幅が広がった。「企画がよければ、出版社がどこにあるかは関係ないんではないでしょうか」と、田島さんは云う。

a・j・i・r・oの誕生には、編集の藤枝大《だい》さんが関わっている。東京の出版社を経て、17年に入社。仕事をしながら、本好きの友人たちと本屋をやろうとしていたが、「うちでやればいい」という話になった。書肆侃侃房は以前ブックカフェを運営していたが、場所が離れていたこともあり、新たな物件を探すことにしたところ、会社に近い場所が見つかり、18年10月にオープンした。店名は製本の「アジロ綴じ」にちなむ。

哲学者＋人類学者のトーク→往復書簡→本へ

本の仕入れは、出版社との直取引が7割で子どもの文化普及協会も使う。短歌・俳句・詩などのリトルプレスやZINE《ジン》が並ぶコーナーもある。

「お客さまにこういう歌人の本はあるかと聞かれることがあります」と、店長の坂脇由里絵さん（取材当時。現在は退職）は話す。

開店以来、毎月1、2回、トークイベントを開催。テーマも出演者も多岐にわたる。多いときには50人が参加する。「やっているうちに、a.j.i.r.oでやるイベントなら行こうという方も増えてきたと思います」と藤枝さんは話す。藤枝さん自身も、海外文学に特化した読書会「ガイブンキョウク」を主宰している。コロナ禍以前は、ほかにも歌集やミステリーなどの読書会も行なわれていたという。

この場所から生まれた本もある。19年4月に哲学者の宮野真生子《まきこ》さんと人類学者の磯野真穂さんのトークを開催。それがきっかけとなり、二人の往復書簡がはじまる。宮野さんは同年7月に亡くなるが、その対話は『急に具合が悪くなる』（晶文社）にまとまった。

ａｊｉｒｏでも二人が選んだ本のフェアを開催した。コロナ禍でイベントはできなくなったが、オンラインストアでの本の売り上げは伸びている。

「サイン本や、著者が選書した本をセット販売するなどで特色を出そうとしています」と坂脇さん。

藤枝さんは「オンラインでのイベントにも力を入れつつ、店内でのイベントも再開していきたいです」と話す。

来年（２０２２年）は書肆侃侃房創業20周年。ａｊｉｒｏは今年（２０２１年）、開店３周年を迎えた。今後の「本のあるところ」がどう変わっていくかが楽しみだ。

（２０２１年11月・第75号特集）

徘徊堂（福岡県福岡市）

――マニアでなくても楽しめる本棚にある宝

福岡市城南区別府にある〈徘徊堂〉は、店頭に１００円均一の単行本や文庫が並ぶ棚があり、左右に長い店内には所狭しと本棚が並ぶ。棚の間をすり抜けるように移動しながら、面白そうな本を探すのが楽しい。この日も郷土本の棚で、井上精三『博多大正世相史』

（海鳥社）や、福岡県ゆかりの作家・檀一雄の追悼特集を組む雑誌『能古島《のこのしま》通信』が見つかった。

「探す面白さがあるので、ざっくりと並べています」と話すのは、松枝蔵人《くらんど》さんだ。妻の麻美《あさみ》さんともに北九州市生まれ。東京でそれぞれ別の古本屋で働いたのち、福岡市に移住。2008年、中央区大名で開業した。近くには古本屋の〈痛快洞〉と〈バンドワゴン〉があった。目的なくフラフラしているのが好きだからと、徘徊堂と名づけた。

「古本マニアじゃない人にも来てもらえるように、幅広い本を置く古本屋を目指していました。当時は狭い店内に本を詰め込んでいました（笑）。夜11時まで営業していたこともあって、若いお客さんが多かったですね」と、蔵人さんは振り返る。

15年、倉庫として借りていた現在の店に移転。同時期に中央区六本松で、廃業する古本屋の後に入り、2店を二人でやっていた。六本松店は現在ネット販売中心になっている。以前は古書組合の市場で仕入れていたが、最近は客からの買い取りが増えている。デパートなどの催事に出ることも減り、店舗とネットが売り上げの中心となっている。

「子どもができて目線が変わったこともあり、絵本が増えましたね」と麻美さんは云う。団地があり、子ども連れの家族も来店する。地元の客が多くなり、商店街の店の人とも親しくなった。

「以前に比べると、こういうジャンルを集めたいというこだわりはなくなりました。それよりも、お客さんが好きな本を見つけてくれればうれしいです」と蔵人さんは云う。よく訪れる客のために、均一棚の本を頻繁に入れ替えている。古本屋の仕事で一番楽しいのは、本の値付けをしているときだと、麻美さんは話す。

古くからある店が消えていく一方で、若い世代が店を開くなど、福岡市の古本屋の移り変わりは激しい。そのなかにあって、徘徊堂は13年間、マイペースに店を営んできた。

「これからも柔軟で誠実な本屋でありたいです」と、二人は声を揃えた。

（2021年11月・第75号特集）

BOOKSHOP 本と羊（福岡県福岡市）

――若い人の背中をそっと押すサロンのような本屋に

福岡市中央区六本松の住宅街にある〈BOOKSHOP 本と羊〉は、2020年8月にオープンした、1周年を迎えたばかりの新刊書店だ。

しゃれた扉を開けると、左右に本棚があり、中央は広く空いている。表紙を見せている本も多い。広さは9坪ほど。新刊は八木書店、子どもの文化普及協会などから仕入れるとともに、左右社、ナナロク社などの出版社と直取引している。少しだが、古本も置いている。

「お客さまは8割が女性で、20代前半の方が多いです」と話すのは、店主の神田裕さん。大分県臼杵《うすき》市生まれで、東京のデザイン専門学校を経てデザイン会社に勤務。その後もフリーランスとして、あるいは会社員としてデザインの仕事を続けて30年が経った。

「その頃から、誰に向けて仕事をしているのか疑問を持つようになった。仕事帰りに本屋に寄ることで、心に空いた穴を埋めていました。読書家ではないのですが、本を買わないと落ち着かないんです」

人と直接コミュニケーションがしたいと、55歳で本屋を開くことを決意。東京・月島で友人のスタジオを借りて、週末に本屋を開いたり、妻の出身地である福岡県で物件を探した末に、現在の場所が見つかった。開店準備を手伝ってくれる人をSNSで募集したところ、延べ20人が参加してくれた。

店名は、どちらも好きだからと妻が命名。妻はデザイナーの仕事を続けながら、この店の選書を行なっている。店を続けるうちに、「自分が判らない本を置いても、お客さまには喜んでもらえないと気づきました」と神田さんが云う。いまは自分が本当にいいと思う本を選んでいる。

レジに来る客に、神田さんは積極的に話しかける。人生相談に乗ることも多いという。「若い人の背中を押すような本を置いていきたいです」

お客さんに一棚を貸して本を販売する「一棚店主」コーナーもある。人気のある棚にはファンもできるという。

コロナ禍の最中に開店したこともあり、ＳＮＳで積極的に情報発信する。また、他の本屋にインタビューする「本と羊と本屋チャンネル」をＹｏｕＴｕｂｅで配信する。

「本屋をやることでいろんな仲間ができました。今後は、人が集まるようなサロンにしていきたいです」

念願の自分の店を持った神田さんは、やりたいことがあふれて止まらない様子だった。

（２０２１年11月・第75号特集）

なタ書《なたしょ》（香川県高松市）

――四国の入り口にあるたくらみに満ちた本屋

「最初からこういう本屋をやろうと思っていたわけじゃない。結果としてこうなっただけです」と、古本屋〈なタ書〉の店主・藤井佳之さんは云う。

なタ書は、高松市瓦町の商店街から脇道に入った細い通りに面している。向かいには水の神を祀る大井戸水神社がある。入り口に生い茂る雑草を踏み越え、以前は連れ込み宿だったという建物のドアを開ける。靴を脱いで細い階段を上がると、そこにはぎっしりと本が並ぶ。古本のほか、香川の地域雑誌、リトルプレスも扱う。冊数は５０００冊まで数えたけどやめたという。古書組合に属さず、客からの買い取りだけで構成した棚だ。一見脈絡がなく並んでいるようだが、眺めているうちに文脈のようなものが感じられる。

「キキ」の愛称を持つ藤井さんは、東京の出版社で働いたのち、故郷の高松に帰ってきた。店を開いたのは２００６年12月。ほかに仕事をする目的もあって完全予約制にした。現在は予約なしで入れる日も設けている。店名の由来は、「昔の恋人の名前からとった」そうだが、本当だろうか。キキさんは質問を全力ではぐらかす天邪鬼《あまのじゃく》で、取材者泣かせの人なのだ。

そういう店主のキャラクターもあって、この店にはさまざまな人がやって来る。最近も自分探しに高松に滞在している若者が、毎日のように通っていたという。高松は四国の入り口であり、この店には情報や噂が集まる。

出てこい！ 僕がヤラレたと思う店

開店から15年が経つが、「やめたところで他にやることがないですからね。惰性で続けているだけですよ」と淡々としている。今年（２０２１年）２月には店に放火される事件があったが、それさえも話のネタにしてしまう強靭なハートを持つ。

「古本の世界には、自分の知らない本がたくさんあります。その中で、お客さんが求める本を探して届けるという仕事は、僕には合っていると思います」と、キキさんは云う。この日も予約してきた女性が探している画集や図録の話をすると、その本がどれくらい入手しやすいかを即答していた。

コロナ禍を受けて、昨年（２０２０年）４月には「Ｕｂｅｒ Ｂｏｏｋｓ」というサービスを始めた。注文を受けた本を自転車で配達するというものだ。

「ＳＮＳなどで書店が大変な状況が伝わってきたなかで、『考えたら何かできることはあるよ』というメッセージを送ったつもりです」

近年の個人書店ブームに対しては、「案外どれも似た感じになってますよね。僕がヤラレた！ と思うような面白い本屋が出てほしいです。そうじゃないと、ネットに対抗できないでしょう」と話す。唯一無二の空間をつくったという自負があるからこそ云える言葉だろう。

薄暗い店の奥で、キキさんは楽しみながら、今後の戦略を練っているのだ。

（２０２１年11月・第75号特集）

本屋ルヌガンガ（香川県高松市）

——長い年月をかけてめざす本屋の理想郷

〈なタ書〉から歩いて5分ほど。ミニシアター系の映画館〈ソレイユ〉が近くにある通りに、〈本屋ルヌガンガ〉はある。２０１７年8月、店主の中村勇亮さんがビルの1階にオープンした店だ。約７０００点の新刊を扱い、カフェも併設する。

「この辺りは人通りは少ないですが、以前は古着屋やレコード屋があり、カルチャー好きの集まる場所でした」と話す。

中村さんは大学卒業後、名古屋の書店チェーンに勤めた経験がある。その後、東京の〈本屋 Ｔｉｔｌｅ〉、京都の〈誠光社〉などの個人経営の本屋を知って、「こういうやり方もあるのか」と思う。〈本屋Ｂ＆Ｂ〉の内沼晋太郎さんが講師を務める「これからの本屋講座」を受講し、妻の涼子さんと高松で本屋を開業することを決意した。

広島県福山市の〈本屋ＵＮＬＥＡＲＮ〉の田中典晶さんは、開業前に講座の先輩であるルヌガンガで数日研修させてもらったという。小さな本屋が互いに助け合っているのだ。

開業にあたっては、クラウドファンディングで資金を集めた。本の仕入れは、子どもの文化普及協会をメインに、八木書店などの小取次を使う。買い切りが多く、委託販売の本も売り切って、ほとんど返品しないという。

「最初から多く積まず、売れたものを切らさないようにこまめに発注しています」

開店当初はいろんなジャンルを置くようにしていたが、現在では「ライトな人文書」に力を入れている。

「研究者がエッセイ的に書いた本で、考えるきっかけになるものが読まれている気がします。とくに民俗学や人類学の本を若い人が求めているようです」

取材時にも、松村圭一郎＋コクヨ野外学習センター編『働くことの人類学〔活字版〕仕事と自由をめぐる8つの対話』（黒鳥社）が目立つところに平積みされていた。ほかにも身体系・メンタルヘルスや詩歌の本がよく売れる。本を選ぶうえで、「自分の読書体験が逆に邪魔になることもあります」と中村さんは云う。

客層は40代を中心に、女性が6割以上を占める。一回の来店で２０００円以上購入する客も多いという。常連はカフェにも寄ってくれる。

イベントのできないときも客との絆を深める

コロナ禍以前は、週に2回ぐらいのペースで、店内で著者のトークやワークショップ、映画上映などを行なっていた。また、韓国文学、これからの働き方などのテーマを決めて読書会も開催した。

「イベントの売り上げは大きかったですね。コロナでイベントができなくなったのですが、その分、ネット販売も含めて本の売り上げが伸びました。お客さまとの絆が深くなったと思います」

棚をつくる際には、ひとつのジャンルの中に古典と入門書を混在させて、客の目に留まるようにしている。本の位置も頻繁に入れ替える。だから、いつ来ても新鮮に感じるのだろう。

店名のルヌガンガは、20代で旅したスリランカの庭園のこと。

「ある建築家が50年かけて築いた理想郷なんです。この店も時間をかけてそういう場所にできたらと思います」と、中村さんは語った。


（２０２１年11月・第75号特集）

讃州堂書店《さんしゅうどう》（香川県高松市）

――香川県の古書店を牽引する古本屋のおやじはＵＦＯが好き

高松の町を走る電車、ことでん（高松琴平電気鉄道）志度線の線路に面した通りにある

〈讃州堂書店〉は、いまや少なくなった昔ながらの町の古本屋だ。間口が広く、中に入るとジャンル別に棚が並ぶ。とくに日本文学と郷土史が充実している。

「1980年代には香川県の古書組合に20店ほど属していました。当時はデパートなどで即売会をすると、棚がガラガラになるほどよく売れました。それがいまでは組合に入っている店は10店まで減ってしまいました。店舗営業は3〜4店ほどですね」と、店主の太田育治さんは話す。太田さんは古書組合香川支部の組合長を、20年以上務めている。

太田さんは高松の定時制高校に通っていた頃、丸亀町にあった新刊書店〈みやたけ書店〉で働く。その後、東京に出て働きながら大学に通う。日本古代史で卒論を書くため、多くの本を読む。高松に戻って就職するが、自分で商売をやりたいと古本屋の開業を決意する。1977年11月のことだ。その後、86年に現在の場所に移る。

「朝から晩までお客さんがいて、食事をする暇もないくらいでしたね」と、当時を振り返る。郷土史関係の本を掲載する古書目録も発行していた。

別の場所に倉庫を持ち、そこを「古本会館」と名付けて即売会も行なっていたが、人手不足で現在はまた倉庫に戻っている。

「本の売れ筋は時代によって変わります。それに追われないようにしています」と、太田さんは話す。

10年ほど前から、インターネット販売サイト「日本の古本屋」でも販売するようになった。妻が入力を担当し、現在は6000点ほどを登録している。

いまではネット販売が主力となり、店舗に訪れるのは常連のお客さんがほとんどだ。

夫婦と娘と孫で年中無休

この店の入り口に「UFO　宇宙人」のプレートを差し込んだ棚があることが、以前から気になっていた。

「私は1989年にUFOを目撃したんですよ」と、太田さんは身振り手振りでその体験談を語ってくれる。

「ほかに目撃した人の話を聞きたいと思って、この棚をつくったんです。店に入らない人にも見えるように、あの場所に置いています」

太田さんが店でふっと目を留めた棚の本に、注文が入ることがよくあるという。不思議な話だ。「本は縁のもんだなあ、とよく思います」。

定休日は設けず、毎日なにかしら作業を行なう。太田さん夫妻のほか、娘さんが店番をする。「最近は大学生の孫も手伝ってくれます」とうれしそうだ。

「本を扱うことが好きだから、44年間続けることができました。これからも体が続く限り、この店をやっていきたいです」

（2021年11月・第75号特集）

宮脇書店本店（香川県高松市）

――元高松藩士が開業。書店の矜持がここにある

〈宮脇書店〉と聞いて、「それならうちの近所にもある」と思う人は多いだろう。それぐらい、この新刊書店チェーンは全国に広がっている。しかし、それが高松市発祥だとは意外に知られていないのではないだろうか？

宮脇書店は1877年（明治10）、〈宮脇開益堂〉の店名で、江戸時代から高松の城下町として栄えた丸亀町で開業。終戦後の1947年、法人化して宮脇書店となる。

1970年代に県内に支店を出店。80年代以降、全国にフランチャイズ店を展開。現在、直営店は約170店、FC店は約200店にのぼる。2009年には九州の書店チェーン〈明林堂書店〉（約70店）もグループ化した。

今回取材する本店は、創業地の丸亀町にある。商店街に面した本館は3階建て、高松市美術館に隣接した新館は6階建て。750坪の売り場面積に約35万～40万冊が並ぶ。

「本館は教養や人文など硬めの本を求めるビジネスマンのお客さまが多いですね。新館は

学生や主婦、子どものお客さまが多く、一般向けの本がよく売れます」と話すのは、店長の筒井敬三さん。香川県生まれで、大学卒業後に入社した。他の支店を経て、4年前に店長となった。

「県内では在庫点数の1位は朝日町の総本店（宮脇カルチャースペース）で、売上金額は郊外にある南本店が最も多いです。本店は点数、売り上げともに、2店の中間に位置しています」

本店では、他の支店の手本という役割を求められるため、本の品揃えや見せ方を丁寧にするよう心掛ける。

「そのときのテーマに合わせて、こだわりのある選書を行なうとともに、陳列やPOPなど判りやすい見せ方にするよう指導しています」

実際、各フロアを見ても、それぞれのジャンルの全体像が伝わるような見せ方になっている。

スタッフはアルバイトを含め約40人。フロア長を置き、そのジャンルに精通する人を育成する。ここから他店の店長になる人も多い。

「本店ならあるだろう」の期待に応える

本館の1階は、店全体の売り上げの2〜3割を占めており、この店の顔と云っていい。入ってすぐの台では、注目の新刊書やメディア化などの話題書を展開する。また、夏の文庫、NHKの朝ドラ・大河、半藤一利、コロナなど複数のフェアが開催され賑やかだ。

左手には、郷土関係の本が並ぶ。地元の出版社が刊行した本や、自費出版の研究書もある。「地元の方が書いた本はよく売れますね」。

地元に関する本としては、新館1階にうどんや四国遍路のガイドが並ぶのが、この地らしい。

「3年ごとに開催される『瀬戸内国際芸術祭』の関連書が一番売れる店なんです」と筒井さんは云う。美術館で開催中の展示に合わせた関連本のコーナーも充実している。

「年輩のお客さまが多いので、棚の表示は判りやすくしています。それでも店内が広いので、何か探している方にはお声掛けするようにしています」

棚にない本は客注を受けるが、総本店に在庫があれば、1〜2日で届く。

「長年通ってくださっているお客さまも多いです。『本店ならあるだろう』という期待に応えられるように、長く売れる本を置くようにしています」

「本なら宮脇」の出発点　移りゆく街並みの中で

１９８０年代、郊外の発展などの理由から、丸亀町の商店街は衰退していった。しかし、88年の「開町４００年祭」を機に、このエリアの再開発が始まった。

「アーケードをきれいにして、自転車の乗り入れを禁止したことで、安全で歩きやすい町になりました。それにともなって、人通りも増えてきました」と、筒井さんは語る。

その変化を受けて、本店の売り上げも上がってきた。

コロナ禍以降、本店では巣ごもり需要を受けて参考書やコミックなどの売り上げが増えた。しかし、商店街の人出が減った分、全体の売り上げとしては若干下がっているという。

本屋という仕事の面白さについて尋ねると、「棚の本を触るのが好きなんです。自分で仕入れた本が売れると手応えがあるし、上手に棚がつくれたときはうれしい」と答える。

時代の変化に対応しながら、創業以来の矜持を忘れない。だから、本店をめざして来る客が絶えないのだろう。

（２０２１年11月・第75号特集）

ウィー東城店（広島県庄原市《しょうばらし》）

──地方の本屋の未来を先取りする

庄原市は広島県の北東に位置し、東は岡山県、北は鳥取県と島根県に接する。同市東城地区にある〈ウィー東城店〉は、外観こそ普通の新刊書店だが、中に入ると驚くことだらけだ。

まず、レジに並ぶスタッフが多い。4、5人はいる。本や文房具やCDに加え、花火や器、アクセサリー、冷凍食品までなんでもあり、化粧品コーナーもある。年賀状の作成、ラジカセ修理、スマホの使い方なども、ワンコインで請け負う。同じ敷地で美容室、コインランドリーも経営、パン屋もある。

「本屋の可能性を突きつめていったら、こうなったんです」と話すのは、社長の佐藤友則さん。

実家は東城の隣にある神石高原町《しんせきこうげんちょう》（神石郡）で、1889年（明治22）から万屋《よろずや》（いまの雑貨店）を営み、本も扱っていた。1998年、佐藤さんの父が東城に出店したのがウィー東城店だった。店名は公募したもので、「私たちの店」「地域の店」という意味だ。

佐藤さんは大学中退後、名古屋市の書店で働いたのち、庄原に帰る。

「当時、この店はスタッフもおらず、棚づくりも考えられていなくて、荒れた状態でした。そこでお客さまの声を真摯に聞いて、店を立て直していきました」

高齢者の多い地域に合わせて、老いや死についての本を並べたところ、よく売れた。また、庄原や三次《みよし》の出版社の倉庫に眠っている本を掘り出して並べた。「広島のきのこの解説をした、バーコードもないような地元で出版された本は、山に持っていって使えるというので、100冊近く売れましたね」と佐藤さん。

装丁に優るものはないと、本にはPOPをほとんど付けない。その代わり、お客さんがどんな本に興味があるかを頭に入れて、声を掛ける。

「常連のお客さまが、店に入ってどういうコーナーを見て何分で出ていかれるかまで判ります（笑）」

平台では、出版社やテーマ別の本のフェアを行なう。『別冊太陽』のフェアの際には、1カ月で100冊も売れたという。最初は佐藤さんが担当していたが、最近はスタッフにすべてを任せている。

6年前から働く大谷晃太さんは、コミック担当。同店のコミック売り場は県内でも有数の品揃えだ。大谷さんは、全国のコミック担当の書店員のグループ「コミタン！」のメンバーでもあり、そこで得た情報を、新刊の仕入れやフェアなどに役立てている。

「本以外の仕事も含め、いま17人のスタッフがいます。15年ほど前に引きこもり気味の子がうちでアルバイトして元気になったことから、子どものアルバイト先にと親御さんからよく頼まれるようになりました」

人とコミュケーションをとるのが苦手だった子も、この店で働くうちに明るくなった。一方、最初は佐藤さんとしか話さなかった客も、スタッフを目当てに来店するようになった。

「たとえば、証明写真を撮るお手伝いをするときの会話から、後期高齢者用のテキストが売れそうだと判る。お客さまと話すことが情報源になって、棚づくりにも反映するんです」

佐藤さんだからできると云う人もいたが、「私は誰でもできると、ずっと思っていました」。

そう話している間にも、レジには小学生の女の子がスタッフの男性に何か話しかけている。夏休みの宿題の相談だろうか。

美容室も料理教室もすべては本に通じる

本以外の商品を扱ったのは利益率を高めるためだったが、やってみると、どんなものでも本に通じ、合わせられることに気づいた。

「妻が美容室のお客さんにお灸の本を勧めたら、100冊以上売れました。本屋ってすごい！　と思って、なんでも扱うようになっていった」

客が持ち込んだメダカやコケを販売することもある。革細工の作家がつくったという、奇妙な形のペストマスクまで置いている。創業当時の万屋に回帰したわけだが、「本屋ってもともとそういう場所なんじゃないでしょうか」と、佐藤さんは語る。

コロナ禍以前は、店内でジャズのコンサート、著者のトークショー、料理教室などのイベントも行なっていた。

「コロナ禍でも対策をしていつも通りお客さまに声を掛けていました。いつも通り接しています。そのせいか、閉店時間を1時間早くしたのに、売り上げは落ちていません。地域のお客さまにこの店のことを認めてもらえたようで、うれしいです」

町に支えられたから町を支えに外へ出ていく

店を続けるうちに、高校生だった女の子が赤ちゃんを連れて来店するようになった。

「地域のつながりに支えられ、育てられてきたのだと実感します」と、佐藤さんは云う。

これからの佐藤さんは、店はスタッフに任せて、新しいことに取り組もうとしている。

「これまでは地域のお客さまに来ていただいたのですが、こちらからも地域に出ていきたい。地元の集まりや行事に積極的に参加し、自分に何ができるかを考えたいです」

もうひとつは、「困った人の話を聞いて解決のお手伝いをしたい。宮沢賢治みたいになれたらいいなと」。

その第一歩が、ＪＲ京都駅ビル内の〈ふたば書房〉京都駅八条口店の立て直しだ。同店を共同運営することになった会社から声を掛けられ、佐藤さんが仕入れや業務形態の見直しを手伝うことになった。

佐藤さんは地域に根ざし、地域の人のニーズを聞くことで、「本屋」という場所を豊かにしてきた。ウィー東城店は、地方における本屋の未来を先取りしているのかもしれない。

（２０２１年11月・第75号特集）

〔追記〕佐藤さんの会社・総商さとうは、２０２４年5月、庄原市西本町に本屋〈ほなび〉をオープンした。

本屋UNLEARN《アンラーン》（広島県福山市）

——教員を早期退職した店主が試行錯誤しながらつくる本棚

福山市の高台、ちょっと隠れ家のような建物に、2020年1月、〈本屋UNLEARN〉はオープンした。

「店名はヘレン・ケラーが鶴見俊輔さんに語ったという言葉から付けました。鶴見さんはそれを『学びほぐし』と訳し、その言葉が気に入って店名にしました」と、店主の田中典《のり》晶《あき》さんは話す。島根県大田市生まれ。大学卒業後、広島県で教員となり、福山市の通信制高校を中心に、30年間現場に身を置いた。

「教育の現場から多様性が失われていると感じ、自分にできることはなんだろうと考えて、早期退職しました」

福山市にはかつて新刊書店がたくさんあったが、いまでは少なくなっている。本屋という場所がなくなってしまったらつまらないと、開業を決意。

「これからの本屋講座」を受講しながら、場所を探した。

「ここは道路に面していませんが、佇まいがよかったんです。同じ建物に〈風の丘〉というカフェが入っているのも気に入りました」

10坪ほどの店内には約3000冊の新刊が並ぶ。「幅広いジャンルの本を置くようにしていますが、私の好みが出ているかもしれません」と、田中さんは話す。教育、精神医学、身体などの本が並ぶ一角には、田中さんの経験が反映されているようだ。

「仕入れは、子どもの文化普及協会と、弘正堂・八木書店などの小取次です。出版社との直取引もあります」

買い切り中心で返品できないため、開店当初の品揃えのなかには「いまだったら、置かない本もあります」。1年半経って、売れる本の傾向が見えてきたという。

「ベストセラーじゃないけど、テーマや著者が注目されている本、暮らしを掘り下げている本がよく売れますね」

たとえば、漢詩をテーマにした小津夜景『漢詩の手帖　いつかたこぶねになる日』（素粒社）のような小出版社の本、少部数の写真集、リトルプレスが手に取られやすいそうだ。古本も少しだが、販売している。

リトルプレス『本と暮らし』を創刊

奥にはギャラリーがあり、絵本作家や画家などの展示を行なう。開業当初からさまざまなイベントを開催する予定だったが、開業直後に新型コロナウイルスが広まったためすべて中止になった。

「残念でした。それでも昨年（2020年）8月にアーサー・ビナードさんのトークショーやコンサートを実現できてうれしかった。今後は、精神障害者が地域で生きることについての講座や音楽ライブなどを少しずつやっていくつもりです」

予想もしなかったコロナ禍で、経営は厳しくなったが、ウェブショップを立ち上げるなど対策を講じながら、やりたいことをやっていきたいと話す。

取材中に、上品なご婦人が来店し、じっくり棚を見て、数冊をレジに持ってきた。中には定価の高い本もある。

Yさんというその女性は「私の好きな本ばかり並んでいて、お宝の山です。福山は文化が育たない町と云われていますが、この店が長く続いてくれないと困ります」と話し、田中さんに原稿用紙を手渡して帰っていった。

同店では今年（2021年）7月に『本と暮らし』というリトルプレスの創刊準備号を発行した。店に来るお客さんに「何か書いてみませんか？」と田中さんが声を掛けて、原稿を集めた。表紙の写真もデザインもお客さんの手になる。100部印刷し、300円で販売したところ、すぐに売り切れた。それを読んだYさんが、次号の原稿を持ってきてくれたのだという。

「これからも自分がいいと思う本を、工夫しながら紹介していきたいです」と、田中さんは語った。

（２０２１年11月・第75号特集）

〔追記〕２０２４年８月現在、『本と暮らし』は第２号まで発行。

本と自由（広島県広島市）

――映画館の近くには自由の風が吹いている

広島市の横川はＪＲと広島電鉄が乗り入れており、駅の周りに商店街が発達していた。近年では再開発が進み、往年の猥雑さは薄れている。しかし、チャンガラ横丁と名づけられた短い通りには、まだ怪しい雰囲気が残る。その中にあるのが古本屋〈本と自由〉だ。

「いい名前ですね」と云うと、「いやー、とにかく自由にやろうかなと思って」と、店主の青山修三さんは笑う。

広島県の安芸高田市生まれ。大学を出て、さまざまなアルバイトを経験する。27歳から、広島市の老舗書店〈廣文館〉で働く。

「子どもの頃から本が好きで、本屋の仕事は楽しかったです。いくつかの支店で働き、店長にもなりました。でも、売り上げが落ちる一方でスタッフが足りなく、棚がスカスカになっているのを見るのが辛かった」

廣文館を辞めて、自分ひとりで店をやって食べていきたいと、物件を探しはじめる。そこで見つけたのが、この場所だった。映画を観に通っていたミニシアター〈横川シネマ〉が、徒歩15秒の場所にあるのも魅力だった。

古本屋をやるつもりだったが、それだけだと経営的に厳しいと考え、店の一角をコーヒーや酒の飲めるバーにする。飲食店でのアルバイト経験がここで生きた。開店は2013年6月。

古書組合には加入せず、手持ちの蔵書と古本屋でせどり（仕入れ）した本を4000冊ほど並べる。

「オープンしてからは、お客さんからの買い取りがメインです。この店に合うような本を持ってきてくれるんです」と青山さん。

店内に並ぶ本は、じつにさまざまだ。硬派なノンフィクションや研究書もあれば、サブカルチャーの雑誌や海外の画集もある。カオスな空間で長く見ていても飽きない。通っていると、掘り出し物に出会えそうだ。

ZINEづくりも読書会も持ち込み企画で

コレクターの委託本を並べる「性研究家・向井東冥の棚」があったり、リトルプレスを出版する「しおまち書房」が選んだ絵本を並べるコーナーもある。

「僕ひとりが選ぶ本だけじゃなくて、いろいろな本があるほうが面白いですから」

店内ではライブやトークイベントも行なうが、これも企画を持ち込んでくる人がいる。店に集まってＺＩＮＥ（個人やグループで発行するテーマも体裁も自由な冊子）をつくる「ＺＩＮＥの巣」や、「日曜お昼のゆるーい読書会」も彼らが企画し、行なっている。青山さんはそれを面白がって見守っている。

「近くに映画館があって、バーもやっているので、自然と面白い人たちが集まってくる感じです」

８年間やってきて、経営的にはいつもギリギリだが、「会社員と違って、自由でストレスがないので楽しいです」と語る。性格的に続かないからと、ネット通販はせずに、店だけでやっている。取材時はコロナ禍で休業中。休みのおかげで本の整理が少しはかどったという。

「今後はもっと棚に手を入れて、いい本屋にしたいと思います」

（２０２１年11月・第75号特集）

古本屋 弐拾dB《にじゅうデシベル》／古書分室ミリバール（広島県尾道市）

――夜中にひらく古書店には昼間に開店する分室がある

夜の11時、尾道の通りはすっかり寝静まっている。コロナ禍で飲食店はとうに店を閉めている。

そんな時間になって、細い路地を抜けたところにある、元は病院だったという建物に明かりがともる。〈古本屋 弐拾dB〉は夜11時から午前3時までという深夜営業の古本屋なのだ。

「店名の20デシベルはかすかに聞こえるレベルの音です。本のかすかな声に耳を傾けたいと思って付けました」と話す店主の藤井基二《もとつぐ》さんは、２０１６年4月、23歳という若さでこの店を開いた。

藤井さんは福山市生まれ。高校1年生のとき、好きだった女の子に振られて太宰治の『人間失格』を読み、そこから中原中也を読むようになる。京都の大学で日本文学を専攻し、卒業後は福山に帰る。その後、隣の尾道に住む。

「子どもの頃から遊びに行っていて、好きな町でした。『尾道空き家再生プロジェクト』というＮＰＯが古い建物の再活用を進めるなど、自由な空気を感じました」

同プロジェクトが運営するゲストハウスで働くうちに、自分でも店をやりたいという気持ちが芽生える。空き家だった物件を紹介され、ここで古本屋をやろうと決める。

「夜まで働いていたから、深夜に開けることにしました。ゲストハウスに泊まった台湾の人から、台北では酒を飲んだ後に〈誠品書店〉に行くという話を聞いて、そういう文化もいいなあと」

友人たちに手伝ってもらい、空き家に残されたものを片付けた。そこに、プロジェクトから譲ってもらった本棚を並べた。

「本は僕の蔵書とせどり、それから空き家の片づけに同行した際に見つかった本も少しあります。冊数が少ないので、表紙を見せて並べることでなんとかごまかしました（笑）」

オープン後は、客からの買い取りが中心となる。昨年（2020年）には古書組合に加盟し、市場にも出入りするようになった。本も現在は2000冊ほどに増えた。

以前からZINEやリトルプレスを扱っていたが、最近は誠文堂新光社、みすず書房、本の雑誌社などの新刊も直取引で扱うようになった。

客層は、高校生から70代までと幅広い。椅子に座ってじっくり本を読む人も多い。

「何も買わずに帰る人がいると、以前は悔しかったんですが、いまは店に来てくれるだけでありがたいと思うようになりました。そういう人に本の魅力が伝わるように頑張ろうと思うんです」

しょっちゅう顔を出す常連も多く、旅行の際に立ち寄る客もいる。

「お客さんと話すことで、いろんな情報をもらっています」

生きた人と場所の物語を記すリトルプレス『雑居雑感』

昨年7月には、『雑居雑感』（198ページ参照）という雑誌を創刊。「街の歴史の隅で生きた、生きる人々の声に耳をかたむけ、記し残すため」のもので、創刊号ではかつて尾道にあったマーケットを特集した。

「古本屋がこういう雑誌を出版することで、尾道を考えるきっかけになればいいと思います」と藤井さんは云う。

同年8月には、駅の反対側にあり、複数の店が入る三軒家町《さんげんやちょう》にある三軒家アパートメントの一室で〈古書分室ミリバール〉をオープン。こちらは昼間に営業する。

「本の在庫が増えたことと、ゲストハウスを辞めたことで、もう一店舗を出すことにしました。ミリバールは気象学で以前使われていた単位です。デシベルとは単位つながりということで」

深夜営業の弐拾dBにややディープな本が多いのに対して、昼間に営業するこちらは、手に取りやすい幅広い本を置いている。「三軒家古本レコ市」などの新しい試みも行なう。

それにしても、夕方までミリバールを営業し、少し仮眠してから、深夜まで弐拾dBを開ける生活は大変そうだ。

「今後、この2店をどう住み分けていくかが課題ですね。でも、古本屋という仕事は一生続けていきたいと思います」と、藤井さんは語った。


（2021年11月・第75号特集）

汽水空港（鳥取県湯梨浜町）

――淡水と海水が混在する東郷湖の畔に人が集まる

白壁土蔵群で知られる倉吉市の隣に位置する東伯郡《とうはくぐん》湯梨浜町《ゆりはまちょう》。山陰本線の松崎駅の周りには、古くからの商店街が残る。東郷湖に面した道路沿いに古本屋〈汽水空港〉はある。

店主の森哲也さんは、東日本大震災後の2012年10月に千葉からこの地に移住した。26歳だった。

「以前から古本屋がやりたかったんです。東京以外で安い物件に住んで、自給自足で生活したいと思って、鳥取県に来ました。この近くで〈たみ〉というゲストハウスを準備中だという人に出会い、ここに住むようになりました」

空いていた倉庫を紹介され、住みながら自分の手で改修。オープンしたのは3年後の15年10月だった。

「目の前が東郷湖で、汽水なんですね。それといろんな人が集まる場所にしたいという気持ちから汽水空港という名前にしました」

興味を持って読んできたカウンターカルチャーや環境問題、DIYなどの本を並べ、飲み物も出す。当時の店には私も何度か行ったが、隠れ家のような場所だった。

しかし、2016年10月、倉吉を中心とする鳥取県中部地震が発生。汽水空港の建物は無事だったが、新しいことをはじめようと隣に借りていた建物が半壊。半年ほど何もできなかった。

「一時はここを出ていくことも考えましたが、畑を耕す生活をしたり、結婚したこともあって、やはりこの場所でやり直そうと決めました」

2018年初頭から増築工事にかかり、7月にリニューアルオープン。奥に広くなり、本の量も増えた。

「僕の趣味だけでなく、幅広い本を置くようになりました。そしてお客さんが興味を持っていることも教えてもらうようにしました。入り口も前と比べて入りやすくなったと思います。トークやライブ、展示もやっているので、どんなきっかけでもいいから、まず店に入ってきてほしい」

リトルプレス、ZINEの点数も増え、この店の個性のひとつになっている。発行者が「置いてください」と持ち込むことも増えたそうだ。また、新刊も出版社から取り寄せて並べる。

客層も若い人から地元の年配層まで幅広い。取材時にも、ひっきりなしに来店が続いた。「この数年で、松崎にはカフェや古着屋ができて、わざわざこの町を訪れる人が増えました。拠点が増えて、お客さんが町の中を循環できるようになればいいですね」

松崎では地元のおかみさんが中心になって「三八市」という朝市を開催している。今年（2019年）10月には三八市に連動して、汽水空港から続く通りで「一箱古本市」を開催する予定だ。

困ったを共有する鳥取の「クライシス」

「本屋は本好きの人しか来ないというイメージがありますが、僕は本にはこれまで人間が考えたことのすべてが入っていると思っています。本は人が生きるために必要ないろんなことに関わる媒体だと思うんです。そのことを町の人たちに伝えていきたいですね」

そう考える森さんは、「本屋」をベースにしつつ、本を売ることだけにとどまらない活動をはじめている。

まず、今年6月からはじめた「汽水学港」。中国語、韓国語、英語の講座があり、1回500円で学べる。

「キャッチフレーズは『学校がいやでも学港があるさ』(笑)。僕自身が学びたいので、仲間がほしかったんです。講師は知り合いの方にお願いしています。今後は税金とか小屋の建て方とか、いろんな講座を増やしていきたい」

もうひとつは「ホール・クライシス・カタログをつくる」。60年代にアメリカで発行された『ホール・アース・カタログ』に倣《なら》い、人々の困っていること(クライシス)を共有するプロジェクトだ。7月に行なわれた第1回には約20人が参加。誰もが自分の困ってることを語り、人の困っていることに耳を傾ける。その成果を冊子にまとめた。

「普段は縁遠いと思っている政治や社会を身近に考えるきっかけになれば」

開店する前から「僕は世の中を良くしたいんです」と語っていた森さんは、汽水空港を拠点にさまざまな人たちを結びつける。まとまった『クライシス』を見て、各地にこの動きが広がることを期待してしまう。

「いま考えているのは、畑を汽水空港ターミナル2にすること。子どもが裸足で遊んだり、みんなで野菜をつくったりする場所にしたいです」

(2019年10月・第50号特集)

公園前の小さな本屋　みつけどり〈鳥取県鳥取市〉

——大人だってやって来る子どもの本専門の本屋

2015年2月、住宅街の広がる鳥取駅の南側、南大覚寺公園の真ん前に〈公園前の小さな本屋　みつけどり〉がオープンした。

入り口で靴を脱いで、板張りの床に上がる。真ん中のテーブルを囲むように、四方の棚が子どもの本で埋まっている。長く読み継がれてきた絵本や岩波少年文庫、いま活躍中の児童文学作家の本などなど。古本も置いている。

「新刊は子どもの文化普及協会から仕入れています。買い切りで返品できないので、注文するときには慎重になりますね。特に売りたいと思った本は、出版社に直接注文することもあります」

店主の田上《たのうえ》伸子さんが、明るい笑顔で迎えてくれた。

田上さんは鳥取市生まれ。実家は繁華街の真ん中で旅館を営んでいた。京都の短大に在学中に、絵本作家の田島征彦の授業を受ける。その後、鳥取市に戻り、デザイン事務所に勤めたあと結婚。子育てと父の介護に追われていた時期は、市立図書館に行くのが楽しみだった。のちに同館で働きはじめる。

「読みたい本が読めるし、本に触っているだけで楽しかったです」と田上さんは当時を振り返る。

その後、小学校の司書となり、10年ほど勤めた。定年近くなって辞めることになったが、子どもの本からは離れられないと感じた。

「そうだ、自分で本屋をやろうと、自宅を改築しました。夫は最後まで反対していましたが、店の名前を〈公園前の小さな本屋〉と名づけてくれたのは夫なんです。〈みつけどり〉はグリムの昔話と鳥取の『とり』からつけました。本も入っていよいよ開店となったときに、夫の癌が判り3カ月で他界しました」

一時は落ち込んだが、半年後にやっぱりやろうとオープンさせた。約3000冊でスタートしたが、いまでは4000冊まで増えた。

「古本は私の蔵書を並べているんですが、まだ執着があるみたいで、お客さんが手に取るとつい『それ、買うの？』と聞いてしまうんです」と笑う。

子どもも大人もやってくる本がつなぐ第3の居場所

お客さんの中には市内の読み聞かせグループの人がいて、新しい本を紹介してくれる。イベントも、お客さんの紹介で作家のお話会や、手づくりおもちゃをつくるワークショップ、ブクブク交換（好きな本を持ち寄って交換するイベント）などを行なった。
「昨年（2018年）秋に開催した絵本作家の中野明美さんの講演には、店内いっぱいに20人集まってくれました」

公園が近いので、親子連れだけでなく、小学生だけで遊びに来ることも。母の日やきょうだいへのプレゼントだと、絵本を買っていく子もいるという。

開店から4年、図書館司書からの注文もあり、売り上げは上向きだ。

「本屋をやってよかったのは、『前に勧められた本がよかったから』と、何度も来てくださる方がいることですね。私は自分がしたいことをしているだけなんですが、来られたお客様が喜んでくれるのが、うれしいです」

本は、子どもがつらいことを乗り越えて、健やかに育つために欠かせないものだと田上さんは云う。そのことを子どもや大人に伝えるために、これからもこの店を続けていくだろう。


（2019年10月・第50号特集）

定《てい》有《ゆう》堂《どう》書店（鳥取県鳥取市）

――この店で出会う小さな一冊の衝撃

鳥取駅から続く大通りを５、６分歩き、袋川に架かる橋を渡った先に〈定有堂書店〉はある。店主の奈良敏行さんが、妻の実家のある鳥取市でこの店を開店したのは１９８０年10月のこと。

「当時、この辺りには20店以上の新刊書店がありました。いま残っているのは、うちを含め数店です。うちの店は特別なものは何もない普通の本屋だけれど、長く続いているのが一番いいところかな」と奈良さんは笑う。

しかし、全国の書店員に「行ってみたい店は？」と聞くと、最初に名前の挙がる書店がここなのだ。

奈良さんは１９９６年の「本の学校・大山緑陰シンポジウム」の分科会に登壇し、「普通の本屋は、日常的に人が行き来する『往来』にある」という意味の発言をした。その言葉に感銘した安藤哲也さんが、東京・千駄木に〈往来堂書店〉を開いたのは有名だ。

店内の棚には「旅暮らし」「家族のビジョン」「スモールハウス」などの言葉が貼られており、その辺りにはなるほど、と思うような本が並ぶ。この店では「小さな一冊の衝撃」

（これも何カ所かに貼られている言葉だ）に遭遇する機会が多いのだ。

「あるテーマへの入り口になってくれるような本は、店内のあちこちに置いています。最近では千野帽子『人はなぜ物語を求めるのか』（ちくまプリマー新書）です。これは、店からお客さんへのメッセージなんですね」と奈良さんは云う。

ミニコミの発行と「学び」の運営

奈良さんは東京にいたころ、寺小屋教室に参加し、そこで個人通信を発行し、仲間と一緒にミニコミを出していた。定有堂の店名はそのミニコミの名前からとった。店をはじめてからも各種のミニコミを出してきた。現在も『音信不通』を発行、毎号10人以上が寄稿している。私もそのひとりだ。

開業と同時に店の2階では、「定有堂教室」としてフランス語、心理学などの講座を開いた。いまでも続いているのが、映画教室と「読む会」だ。

「昨日の読む会では、哲学者マルクス・ガブリエルの本を読みました。テキストを読んでこなくてもかまわないというゆるい設定が、長く続く理由でしょうね。いろんな立場の人が集まるので、地域のなかの多様性に触れる機会になります」

こんな「学び」の場に集まる人たちが、定有堂で本を注文することで、店の本のクオリティが高くなる。

「高校の先生が授業で話した本を、生徒が買いに来ることもあります。若手の作家や歌人で、この店で育ったと云ってくれる人もいます」

奈良さんは公立鳥取環境大学で、文章作成講座の講師を務めたことがある。

「そのときの学生が店に来ることもありますが、教室よりも本屋で会う方が、彼らには印象深いみたいですね。読む会に参加する人もいます」

この店では『BRUTUS』『Pen』などの雑誌のバックナンバーが、新しい号よりも目立つところに置かれている。「カフェ」「京都」「建築」などの特集が魅力的な号は、200〜300冊も仕入れて長く売っている。

「出たばかりの新刊よりも、時間がたつことでテーマが見えてくる本や雑誌があるんです」

人と話すとき、奈良さんは出版業界の用語をほとんど使わない。その代わりに「青空」「ビオトープ」「それからのはじまり」など謎めいた言葉を話す。その話を聞きながら棚を眺めていると、奈良さんが伝えたいことがぼんやりと見えてくるのだ。

定有堂に来る客は、知っている本よりも未知の「小さな一冊の衝撃」を求めてやってくる。奈良さんがどんなに否定しようと、この本屋が鳥取にあることが、地域の文化を多様で豊かなものにしていることは間違いない。

鳥取の本屋さんはお互いに仲がいい。定有堂の奈良さんは「店をはじめたころに、〈今井書店〉の永井さんに親切にしてもらったことは忘れられません」と云い、永井さんが「いま一番注目しているのは、〈汽水空港〉です」と云う。

鳥取県では本屋だけでなく、図書館、マイクロライブラリーなど、本に関わる人たちが活発に交流しているのが素晴らしいと思う。

（２０１９年10月・第50号特集）

〔追記〕定有堂書店は２０２３年４月に閉店。２０２４年３月、奈良さんの著書『町の本屋という物語 定有堂書店の43年』（三砂慶明編、作品社）が刊行された。同年５月、定有堂が入っていたビルの２階に古書店〈ＳＨＥＥＰＳＨＥＥＰ ＢＯＯＫＳ〉がオープンした。

古書肆《こしょし》 紀国堂《きこくどう》（和歌山県和歌山市）

――郷土の貴重な資料から和歌山の「いま」を学ぶ

和歌山城北の市堀川《いちほりがわ》の近くに、和歌山県建築士会館というモダンなビルがある。その１階にある〈古書肆 紀国堂〉に店主の溝端佳則さんを訪ねると、「うちの店は狭くて話ができないから」と、同じビルの喫茶店に案内された。溝端さんの妻が営む店だという。

溝端さんは高校の頃、図書館で江戸時代に出版された地誌『紀伊国名所図会』に出会う。

「絵の面白さに惹《ひ》かれました。30代からは和歌山に関する古い絵はがきを集めるようになりました。現在までに約1万5000枚を収集しています」

県庁に勤務していたが、市内にあった唯一の古本屋が閉店すると聞き、早期退職して開業することを決意。2016年に別の場所に店舗を構え、18年に現在の場所に移転した。和歌山に関する本を中心にしたいと、店の名前を〈紀国堂〉に決めた。

店内は所狭しと本が並び、通路は体を横にしないと通れない。その一角から溝端さんが無造作に取り出すのは、田辺生まれの博物学者・南方熊楠の書簡や、和歌山市生まれの日本画家・川端龍子の自筆原稿など、郷土の貴重な資料だ。

一見ハードルは高いが、「和歌山に興味を持つ人なら誰でも歓迎します」と溝端さんは云う。

「絵はがきには和歌山の歴史や文化が反映されています。いまの和歌山を知るためには、昔のことを知ることが大事なんです」


（2022年4月・第80号特集「あがら　和歌山県」）

高久《たかく》書店（静岡県掛川市）

――子ども基地もある「走る本屋さん」がめざすのは総合書店

「うちは小さいけれど総合書店。大いなる普通の本屋をめざしています」と、掛川市にある〈高久書店〉店主の高木久直さんは云う。

9坪ほどの店内には所狭しと学習参考書、雑誌、文庫、コミックなどが並ぶ。上に目をやると静岡に関する本の棚があり、「ヒロシです。」というプレートの下には、高木さんが応援するお笑い芸人・ヒロシの本が品切れ本まで集められている。

取次からの配本に頼らず、自分の眼で置く本を選ぶ。客の需要に合わせて柔軟に棚を変える。

「岩波文庫やみすず書房の本は、シニア層の要望に応えて置いています。本屋の矜持でもあります」

高木さんは1998年、静岡県に本拠を置く書店チェーン〈戸田書店〉に入社。その後、支店の店長と静岡地区のエリアマネージャーを兼任した。顧客を増やす目的で、新刊やフェアを紹介する「お客様通信」を個人で発行。また、2010年頃からはツイッターで情報を発信した。

12年には高木さんが実行委員長となり、「静岡書店大賞」をスタート。県内の書店員・図書館員が投票し、選ばれた本は書店に満数配本する。今年（2022年）に10回を迎えた。高木さんは16年から、「走る本屋さん」を名乗ってワゴンに新刊を積んで、本屋のない町で販売する活動を行なってきた。

「ある町で『娘が読みたい絵本を買える店がない』と云われたのがきっかけでした」

地域からのリクエストに応じて車を走らせ、講演と販売を行なう。

その後、戸田書店を退職、20年2月に高久書店を開店する。「直後にコロナ禍となり外に出られなくなりました。地元の人も本のある空間が必要だと感じてくれたようです」。2階は子どもたちの居場所として開放。地元の大人が選んだ本を中高生が無料で持ち帰ることができる「ペイフォワード文庫」も始めた。

定期購読や客注などが売り上げの3〜4割を占めるのも特徴だ。受け取りがてら、高木さんと話していく客も多い。地元の人たちの要望に応え、『文芸高久書店』という同人誌まで創刊した。

「ミニマムで持続可能な本屋のあり方を示すことで、本屋のなかった町に本屋を増やしていきたい」と、高木さんは力強く語った。

（2022年11月・第86号特集「静岡県　だもんで」）

あべの古書店（静岡県静岡市）

――店内を埋めつくす圧巻の静岡県本と多才な店主

静岡市の中心部。浅間《せんげん》通りに、「古書 古本」というのぼりが見える。それに釣られて店の前に立つと、100円均一の棚にさっそく面白いものが見つかる。ここが〈あべの古書店〉だ。

一歩中に入ると、天井まである棚がぎっしりと並ぶ。一見するだけでも気になる本が多い。

とくに「静岡県の本」の棚は圧巻で、量が多いだけでなく、県内の地域やテーマごとにプレートが立てられ、見やすくなっている。

奥の帳場に座る店主の鈴木大治さんに「分類が細かいですね」と云うと、「いやー、あれは店員ゆうこがやってるの」と頭を掻く。「ゆうこ」さんはツイッターの別アカウントで、変わった本を紹介しているが、店主の変名だと思っていた。実在しているとは驚いた。

あべの古書店の歴史は1976年にさかのぼる。脱サラした父・寛治さんが別の場所に〈城北古書〉を開業。その後、いまの場所に移り、〈あべの古書店〉と改名した。

鈴木さんは高校卒業後、演劇や音楽で活動する。1996年、父がネット通販を始める。

「当時、全国で3店しかやってなかった」。店売りをやめてネット通販に専念する父に代わり、2000年頃から鈴木さんが店を引き継ぐ。父の時代の在庫をベースに、個人宅からまとめて買い取った本を並べる。

「ジャンルにこだわらず、この店に長く置いておきたい本を並べています」と鈴木さん。ネット通販は父の死後、店員ゆうこさんがイチからデータを入れ直したという。店とネットの売り上げ比は2対1。

浅間通りは山田長政が生まれた地で、鈴木さんは商店街の組合から頼まれて長政の本を集めて研究している。他にもラジオ出演や新聞のコラム執筆、音楽CDの制作まで、多方面で活動する。

そんな店主にふさわしく、客層もさまざま。高校生の頃から通っていた男性は、いまもたくさん買っていくという。取材時には「メルヴィルさん」と呼ばれる初老の男性が、鈴木さんとマッコウクジラの本の話をしていた。

2013年から市内にある登録有形文化財「鈴木邸」を会場に、「探書会」を開催。古本屋が出店する即売会とともに、ゲストを招いてトークを行なう。今年（2022年）11月上旬にも開催した。

ディープな本好きが集まる店だが、決して敷居は高くない。思い切って飛び込んでみることをオススメする。

（2022年11月・第86号特集）

朗月堂書店（山梨県甲府市）

――120年の歴史のなかで山梨の本を売る

甲府にやってきたのは、全国の県庁所在地で最も少ない約18万人という人口なのに、チェーン店ではない地元の新刊書店が15店以上あるからだ。江戸時代末期創業の〈柳正堂書店〉や、明治時代初期創業の〈徴古堂〉も営業中だ。

30年前に刊行された植松光宏『山梨・本のある風景』（山梨ふるさと文庫）を読むと、山梨県には篤志家がコレクションした本をもとにした文庫が各地にあり、民間の研究者による多くの本が刊行されていることが判る。こうした「本の文化」が、今の甲府の本屋にも受け継がれているのだ。

今回訪れた〈朗月堂書店〉も1902年（明治35）創業と、120年近くの歴史を持つ新刊書店だ。

「曾祖父の須藤孝平は、東京の日本橋で親戚が営む〈朗月堂〉で修業し、その名前をもらって甲府で書店を設立しました」と代表取締役の須藤令子さんは云う。同店は甲府市桜町で創業し、１９３５年（昭和10）には中心地である中央2丁目に店舗を建設。「甲府ではじめて百貨店式の陳列方法で売り場をつくったそうです」。戦時中の空襲で焼失するが、戦後、同じ場所に再建した。

本の販売だけでなく、出版も行なった。１９３１年（昭和6）には甲斐叢書刊行会を設立し、甲斐に関する資料を集成した『甲斐叢書』全12巻を数年かけて完結させている。

現在の店舗は、１９７９年に貢川店としてオープン。郊外型書店のはしりでもある。店の前には驚くほど広い専用駐車場がある。「私が小学生の頃は、周りはみんな田んぼでしたね」と須藤さんは笑う。91年に売り場を拡張、本店とした。１９８０年代には竜王店、昭和店、韮崎店を開店し、最大5店を経営していたが、現在は本店のみとなった。

２０１６年にリニューアルし、売り場は以前の５００坪からA・B・C館の３００坪となる。それでも、他の要素を入れず本だけでこの広さはすごい。スタッフもパート・アルバイト含め50人弱と多い。

「他の書店よりも先に新しいことをやるのが、うちのモットーなんです。単品管理も在庫システムの公開も早かったです。レンタルビデオやクリーニング店を併設していた時期もありましたが、まわりの書店が複合化していくのに対して、うちは本に特化することを選びました。その分、接客に力を入れています。コンサルタントによる研修を受け、接客委員会を社内につくって指導もしています」

客は県内全域にわたり、隣の長野県から訪れる人もいる。店内の在庫は約20万点。文芸書の売れ筋商品は県内で最も多いと須藤さんは胸を張る。児童書、学習参考書、コミックにも力を入れている。

「ここに来たらあると、お客さまの期待に応えられる店にしたいと思います」

C館には、「山梨の本と歴史」コーナーがあり、地元の出版社の本が並ぶ。

「取次を通さず、直接扱っているタイトルも多いですよ。著者の方がうちのお客さんで、持ち込んでくださることもあります」

依頼のあった著者の本を、「朗月堂選書」というレーベルで出版もしている。現在、『侠神 黒駒勝蔵《くろこまのかつぞう》』と『父母のためのサッカー入門』を出版。

「黒駒勝蔵は有名な甲州の博徒《ばくと》で、清水次郎長と関係がありました。勝蔵についての本は類書がなく、小説ということもあり、よく売れています」

B館のワインの棚も、甲州ワインについての本が充実している。また、B・C館の渡り廊下には、県内の自然や歴史、文学や芸術などテーマ別の冊子がずらりと並ぶ。「まちミユーフットパスガイドブック」はNPOがまち歩きのコースとともに作成したもので、一冊200円（税込）という安さなので、つい何冊も買ってしまった。

リニューアル後も変わらず通ってくれる客は多い。それだけ、この店への信頼感があるのだろう。

「若い女性層をどう取り込むかがいまの課題ですね。今後も棚を充実させるとともに、スタッフの商品知識を高めて接客に反映していきたいです」と須藤さんは語った。

全国が注目する「やま読ラリー」ってなに？

朗月堂の入り口には、「やま読ラリー」なるポスターが貼ってある。やま読は「やまなし読書活動促進事業」の略だ。県と県立図書館、県内書店の有志が一緒になって読書活動を推進する試みとして、全国から注目されている。須藤さんはその実行委員会の委員長を務めているのだ。

「作家の阿刀田高さんが県立図書館の館長に就任された際のパネルディスカッションを、書店組合でお手伝いしました。阿刀田さんが図書館だけでなく、書店の未来についても考えられていることに共感し、協力してきました」

毎年夏に開催される「やま読ラリー」は、県内の図書館や書店を回ってスタンプを集めた人に、オリジナルのしおりをプレゼントする。今年（２０１９年）は甲州印伝のしおりがプレゼントされるとあって、開催直後から大人気だった。

ほかに、大切な人に贈りたい本の推薦文を募集する「贈りたい本大賞」、山梨について書かれた本のブックフェアや、ワインを飲みながら著者と語るイベントなどを開催。ブックフェアは書店と県立図書館、それぞれで本を選び開催するので、見比べるのも楽しい。

今年6月には、鳥取県の〈今井書店〉の取り組みから始まった「本の学校」の講座を県立図書館で開催、書店や出版社の人たちが集まった。

「やま読をやって一番よかったのは、図書館と書店の壁がなくなって、仲良くなれたことですね。立場は違っても、読者を育てたいという気持ちは一緒だという手応えがありました」

朗月堂では毎年10月に感謝祭を行なう。くじ引きで景品が当たるものだが、近所の店にも参加を要請し、サービス券を提供してもらっている。

「地元の店と一緒になって盛り上がりたい」という須藤さんは、地域とのつながりのなかで生き残る本屋を模索しているようだった。


（2019年10月・第50号特集）

春光堂書店（山梨県甲府市）

――まちをつかって盛り上がろう

〈春光堂書店〉は、甲府の中心街である銀座通りにある。一見、どこにでもある小さなまちの本屋だが、自分の目で選んだ本を置いている。

「長い時間をかけて、棚を変えていったんです」と宮川大輔さん。

1918年（大正7）に甲府市街地の春日町で創業。春日町から知識の光を届ける本屋にしたいと〈春光堂〉と命名した。空襲での焼失から復活し、ずっとこの場所で本屋を営んできた。

「かつては人であふれていたこの通りも、私が30歳で帰ってきた頃にはかなり寂しくなっていました」

静岡の会社で8年間働いたが、祖父がこの店を大事にしていたのを見ていて、店を継ぐことを決意。2005年から同店で働いた。

「当時は取次からの配本に頼って、どのジャンルもあるが特徴はないという店です。それでも売れていたのですが、少子化の影響や近くに〈ジュンク堂書店〉ができて売り上げが下がりました」

宮川さんは思い切って、いくつかのジャンルの本をなくし、その分の棚を新しいジャンルの本で埋めた。

「『暮らしに発見の種を』をテーマに、ライフスタイルやコミュニティの本をそろえたり、これは置きたいという本を長く平積みにしたりしました」

山梨に関する本にも力を入れている。山梨の山が多く出てくる『日本百名山』はロングセラーだ。５年前から朝日新聞の山梨版で「山梨この一冊」欄を担当し、地元の本に詳しくなったことで、客に本が紹介しやすくなったという。

「お客さんの好みが判ってくると、本を勧めやすいですね。話をしているうちに、興味を持って買ってくださるお客さんも多いです」

４２０回も続く朝会は７時から多くの人が集まる

客とのコミュニケーションの機会となっているのが、読書会と朝会だ。

読書会は10年以上前から毎月開催。持ち回りで幹事になった人が課題図書を決め、十数人の参加者がその本を読んできて感想を話し合う。

「課題図書の『青い鳥』から山梨のカワセミの話になるように、一冊からイメージが広がっていくのが面白い。自分の考えも深まっていきます。幹事も一度やるとやみつきになるみたいですよ」と宮川さんは笑う。

一方、朝会は毎週一回、火曜の朝７時から。地域の人をゲストに招き、自分の仕事や活動、趣味について話してもらう。２０１１年からスタートし、４２０回を迎えたというのがすごい。店や近所のカフェを会場とし、多いときには30人以上が集まる。

「最初は仲間内でやっていましたが、出会った人を『話しませんか？』と誘ったり、聞きに来る人が話す側になったりで、人が増えています」

この2つの集まりに来た人がせっかくだからと本を買ってくれる。

「駐車場に車を止めてまで店に来たくなるくらい、好奇心を刺激する集まりにしたいと思って続けています」

また、12年からは「やまなし知会《ちえ》の輪」会として、著者、研究者、新聞記者、住職、ワイナリー勤務の人など山梨で活動するさまざまな人のお勧め本コーナーもつくる。

まちとつながる一箱古本市とブックガーデン

地域の人とつながる試みとしては、2014年から銀座通りで始まった「こうふのまちの一箱古本市」がある。

地元のフリーペーパー『BEEK』の土屋誠さん（今回の撮影をお願いしたカメラマンでもある）の呼びかけで始まり、昨年（2018年）は私もゲストで参加した。商店街の真ん中に多くの箱が並び、お客さんや店主同士とのやりとりで盛り上がっていた。

「この日は通りがとてもにぎやかになります。本でコミュニケーションできる楽しさがありますね」

先に触れた「やま読」では、宮川さんは副委員長として、委員長である〈朗月堂〉の須藤さんを支えている。

春光堂の仕事は、店の外にも広がっている。「ブックガーデン」と名づけたサービスは、県内の施設や店舗の一角に、場所に応じてセレクトした本を並べる。宮川さんがブックディレクターとなって、「本のある空間」をプロデュースするわけだ。現在、歯科医院や酒蔵、温泉、ホテル、会社の図書室など10カ所を担当。「その棚を見て、うちの店にも来てくださる方がいます」と、集客の効果もあるようだ。

「本の良さを伝えるには時間が必要です。でも、一冊の粗利が少ないので、十分な時間を割けないというのが書店の現状です。外商をしながら、店のイベントや集まりも行ない、『本プラスα』の相乗効果を狙っていきたいです」

（2019年10月・第50号特集）

本と珈琲　カピバラ（山梨県甲府市）
——移住者がつくる本のある居場所

山梨大学の近くの住宅街に〈本と珈琲　カピバラ〉はある。棚には、移民、アナキズム、フェミニズム、天皇制、水俣、戦争、ナチス、パレスチナなどに関するもの。一瞥するだけでただ者じゃない。店主は小河原律香さん。

「ここにあるのは、私の蔵書だったものです」という早尾貴紀さんが、本のセレクトとブックトークを担当する。パレスチナ・イスラエル問題の研究者。小河原さんのパートナーで、２人は東日本大震災後に甲府に移住した。

「甲府に古本屋やブックカフェがなかったことや、移住をきっかけに『むすびば』という市民グループをつくって活動してきたことから２０１７年６月に店を開きました」と小河原さん。早尾さんの蔵書のほか、自身の著書や訳書を並べたり、有志舎、洛北出版、共和国など縁のある出版社の新刊を扱い、著者を招いてのブックトークも行なう。

「著者も読者と直接会って話せる場所を求めていると思います」と早尾さん。

店の軸となるのが、平日にフェミニズム系のテキストを読む読書会と、土日に哲学・歴史についてのテキストを読む読書会の２つ。どちらも歯応えのある本を選び、一章ずつ読んでいく。

この日は、前者の読書会で次のテキスト選びの話し合い。８人がお勧めの本をプレゼンし、熱気ある議論が交わされる。後日、『ベル・フックスの「フェミニズム理論」』（あけび書房）に決まったと教えてもらった。

「読書会に参加する人はみんな熱心です。２年間で本を媒介にしたコミュニティスペースという性格が強くなったように感じます」と早尾さんは云う。

ビジネスとしては厳しいが、この場所を持つことでさまざまな人のつながりが生まれた。本を読み、考え、語りたい人は、この店を根城とするといい。

（2019年10月・第50号特集）

mountain bookcase（山梨県韮崎市）

——リノベーションされた名物ビルで営業する個性的な書店

JR中央線・韮崎《にらさき》駅のホームから、白い観音像が見える。観音山公園の平和観音だ。その真下にある5階建ての〈アメリカヤ〉は、地元民にはなじみ深い建物だ。土産物屋と喫茶店として1967年にオープン。旅館だった時期もあったという。当時はかなりキッチュな空間であり、都築響一の『珍日本紀行』（ちくま文庫）にも登場している。

オーナーの死去により15年ほど空いていたこのビルの4階に、建築事務所IROHA CRAFTが入居。代表の千葉健司さんは韮崎高校出身だ。ビル全体のリノベーションを進めながら、新しい入居者を見つけていった。

1階はカフェ、2階はリノベーションとDIYの情報を発信する場となり、3階にはギャラリーやレコード店など4つのテナントが入る。そのひとつが、〈mountain bookcase〉という書店だ。

店主の石垣純子さんは、長野県生まれ。小淵沢のリゾートホテルのブックカフェの店長を務めたのち、店舗を持たない本屋としてマルシェなどのイベントに出店するようになった。屋号は、身近にある八ヶ岳と「本箱」から付けた。

「アメリカヤには、まだ幼い頃に母に連れられてきたことを覚えています。そこが復活すると聞いて驚きました。その後、ここに事務所を移した、フリーペーパー『BEEK』を発行するカメラマンの土屋誠さんから紹介されて、入居することになりました」

最初はギャラリーとシェアしていたが、2019年から単独で使うように。3坪という狭さだが棚とテーブルをうまく使って、本を並べている。

扱う本は、古本が6割、新刊が4割。新刊はふだん働いている甲府市の〈春光堂書店〉から預かるかたちだ。

土、日、祝に営業。韮崎周辺には本屋がないこともあり、通ってくる常連が増えてきた。チェコの作家、カレル・チャペックなどの翻訳者で、小淵沢で海山社《かいさん》という出版社を営む栗栖《くりす》茜さんもその一人で、5階にあるイベントスペースで朗読会を開催した。

「今後は、店内で好きな本を持ち寄って話すイベントや、古本酒場をやってみたいです。コーヒー屋さんに出店してもらうのもいいですね」と目を輝かす。

止まっていた時計が動き出したアメリカヤで、本屋として石垣さんがどういう役割を果たすのか、興味を持って見守りたい。

（2019年12月・第52号スクエア）

〔追記〕mountain bookcaseは2020年9月に長野県諏訪郡富士見町に移転して営業中。

萬松堂《ばんしょうどう》（新潟県新潟市）

――古町《ふるまち》で一世紀。新潟の中心で「まち」を守る

新潟駅から信濃川を渡った先にある古町は、江戸時代から全国でも有数の遊郭があり、明治に入ると花街として発展。通りには多くの商店が並んだ。かつての新潟市では、「まちに行く」と云えば古町を意味していた。しかし、現在では再開発の進む万代《ばんだい》や新潟駅周辺に人が流れている。

「以前の古町十字路は、一回の信号待ちで渡り切れないくらいの人出があったと聞いています」と振り返るのは、古町通6番町にある〈萬松堂〉の店長・中山英《あきら》さんだ。

萬松堂は江戸時代末期に水原《すいばら》（現・阿賀野市）で創業。明治中期〜後期に古町に移転した。

4回も火災の被害に遭ったが、再建。長く新潟の文化人に愛されてきた本屋で、會津八一から贈られた書を所蔵しており、書画展などに出品する。

現在の店舗は1975年に増床したものだ。中2階を含む4フロアで、売り場面積は約180m²。在庫点数は約7万点とのこと。

1階入り口の左には、新刊を入荷日ごとに並べる本棚がある。ここを見れば新しい本がすぐ判るので、入店してまずここに直行する客が多い。

「入荷した本は最優先でここに並べます。専用のスリップをつくり、この棚でどんな本が売れるかをチェックしています。各ジャンルの仕入れの参考になります」と、中山さんは云う。2階の文庫売り場にも入荷日順の棚がある。

最近スリップレス化が進み、POSシステムを導入して売り上げ管理する書店も多いが、「スリップだとお客さまが一緒に買われた本が判る。いわばお客さまとの無言の対話のようなものなので、大切にしています」

現在のスタッフは20人。棚の担当には、その分野に関心を持つ人を配置する。最近コミック売り場を3階から2階に移動、増設した。「特に力を入れています」と中山さんはうれしそうだ。

新潟は高橋留美子、小林まことら著名な漫画家を輩出する「マンガ王国」。その上、古町にはアニメ・マンガの専門学校もあり、萬松堂でアルバイトをする学生も多い。プロの漫画家としてデビューした人もいる。

ちなみに、いま勢いのあるマンガは大和田秀樹『角栄に花束を』（秋田書店）。1巻につき150冊ほど売れるという。さすがは田中角栄のお膝元だ。

1階の郷土本コーナーも充実している。新潟日報事業社や考古堂の新潟関係の本は常に平積みになっている。地元出身の坂口安吾の作品も揃う。

「古町にある本屋として、新潟関連の本は外せません。若い世代にも新潟の魅力を伝えたいです」

老舗書店が仕掛ける新たな試み

伝統を守るとともに、新しい取り組みも行なう。2018年には「島屋六平《しまやろっぺい》」という出版社を設立し、ろっぺいブックスとして「はじめてのえほん」シリーズを刊行した。

「本好きの子どもを育てたいという思いから、動物園、乗り物、ABCなど子どもにとっての『はじめて』の入り口になる絵本をつくりました。島屋六平は創業時の屋号です」

第3弾を4冊、計12冊を刊行。店舗で販売するとともに、取次を通して流通させた。

また、数年前からバーゲンブック売り場を新設。バーゲンブックは出版社の了解のもとに書店が割引できる新刊の「自由価格本」のこと。思わぬ掘り出しものもあって、店頭の活性化に役立っている。

昨年（２０２０年）以来のコロナ禍では、マスク越しに接客せざるを得ず、客とコミュニケーションがとりにくいのが辛いと、中山さんは云う。

「コロナでも変わらずにお店に来てくださるお客さまのために仕事をしていきたいと思います」

昨年3月、近くにある三越が閉店し、人の流れが変わったという。古町には以前多くの本屋があった。長く萬松堂のライバルでもあった〈北光社〉が２０１０年に閉店した（最後の店長が同年〈北書店〉を開業。２０２２年に移転）。

「古町で１００年以上続く老舗として、この場所で新しい時代に合う書店をつくっていきたいです」と、中山さんは語った。


（２０２１年11月・第75号特集）

本《ホン》の《ノ》音《オト》（新潟県新潟市）

——店主が身にしみて感じる本屋であることの幸せ

今年（２０２１年）7月7日、ＪＲ越後線・寺尾駅から徒歩10分ほどの場所に〈本の音〉

が開店した。新潟市で最も新しい古本屋だ。もっとも、店主の竹内隆司さんは現在58歳。長年、本屋で働いてきた人だ。

祖父は巻町《まきまち》（現・新潟市西蒲区《にしかん》）で新刊書店〈マスヤ書店〉を営んでいた。「正月には店の前に行列ができるくらいお客さんが多かったです」。竹内さんは東京の大学時代に書店でアルバイトをし、「本屋も面白いな」と感じる。卒業後に帰郷して、祖父の店を継いだ。一時は2店を経営し、新刊だけでなく古本も扱っていたが、２００６年に閉店。その後は図書館で働いてきた。

「数年前から、自分はまだ本屋をやり切ってないと思うようになった。この商売が大変なのはよく判っているけれど、それでもやってみたい」と開業を決意。市内に〈北書店〉など個人が営む本屋があることにも刺激を受けた。

「本はいろんな音が奏でられるものだから」と、〈本の音〉という店名に決めた。場所を寺尾にしたのは予算的な条件もあるが、この地域に住む人が増えており、小学校が新設されることもあった。「ただ、こんなに西日が入ってくるとは誤算でした」と頭を掻く。2階も借りているので、そちらでも何ができるか考えている。

図書館で働きながら、開店準備を進める。以前の店で使っていた書棚を設置し、自分の蔵書や友人から譲り受けた本を並べた。

絵本、詩、デザイン、映画、コミック、ノンフィクション、アート、旅、小説など、さまざまなジャンルの本が整然と並ぶ。古本屋だが棚が見やすく、埃っぽくもなく、新刊書店のようにも見える。

「個性的な本が集まったので面白いですね。じつは新刊書店をやっていた頃から、こんな本屋をやりたかったんだと気づきました」と竹内さんは云う。

今年6月に新潟市で開催された一箱古本市に出店し、そこで告知したところ、本好きの間に情報が広まる。開店日には多くの客が訪れ、売り上げもよかった。コロナ禍での開店となったが、とくに意識はしていないと云う。

「客層は女性がちょっと多い感じです。話しかけてくださる方が多く、『面白い本がありますね』と云ってもらえるとうれしいです。買い取りも少しずつ増えています」

口数は少ないが、竹内さんからは「本屋に戻れた」という喜びが伝わってきた。

（2021年11月・第75号特集）

今時書店（新潟県新潟市）

――高校生が起業した新潟初のメンバー制無人書店

萬代橋を渡ってすぐ、繁華街の手前にある静かな通りにその建物はある。1階はガラス張りになっていて、中に本棚が見える。キーパッドにパスワードを入力すると、ドアが開く。店内には誰もいない。ここは無人の古本屋〈今時書店〉なのだ。

利用者（メンバー）はネットで登録して、自分でカギを開けて入店。本に挟まっているスリップで値段を確かめ、キャッシュレスで決済するしくみだ。

２０１９年10月に開店したとき、店主の平碧仁《たいらあおと》さんは高校３年生だった。祖母が持っているビルの空きスペースの活用法を家族で話し合うなかで、平さんが「無人の店舗」というアイデアを出した。

「持病があることから、自分で起業したいと考えていました。服や食品に比べると、本なら無人で扱えるのではないかと思っていたときに、奈良市に〈ふうせんかずら〉という無人の古本屋があることを知り、見学に行きました」

内装は家具店に依頼し、本棚も自分なりに工夫してつくってもらった。その結果、外から見ても雰囲気のいい空間ができあがった。

棚ごとのブックオーナーの際立つ個性

平さん自身、あまり本を読んでこなかったこともあり、古本屋には敷居の高いイメージがあった。

「本になじみのない人も入りやすい店にしたかったんです」

ここに並ぶ本も平さんが選んだものではなく、半年から1年単位で契約する「ブックオーナー」が本を出品する。新潟以外に、東京などから参加するオーナーもいる。オーナーごとの個性が反映され、自然とバラエティに富んだ品揃えとなる。本の入れ替えもオーナー自身が行なう。

オーナーの棚とは別に、それぞれの棚から平さんが選んで並べるコーナーもある。取材時にはオリンピックで使う5色のカバーの本が並んでいた。「再編集」によって、本が魅力的に見えてくるのだ。

また、新潟で個人が発行するZINEも販売する。店内でZINEのイベントを開催したこともある。

メンバーは現在1100人。売り上げも順調に増えている。

「2年やってみて、以前よりも本が身近になりました。今後はこの場所でいろいろと実証実験をしていきたいです」と、平さんは語る。この本屋からどんなアイデアが生まれるか、楽しみだ。

（2021年11月・第75号特集）

佐渡島でめぐる本のある場所（新潟県佐渡市）

――人が集まり交流する場としての本屋の重要性

今年（2021年）8月7日の夕方、新潟市での取材を終えた私たちは新潟港に向かった。運転するのは写真家の小倉快子《やすこ》さん。2015年に中央区沼垂《ぬったり》で〈BOOKS f3《エフサン》〉を開店。全国でも珍しい写真集専門の本屋であり、ユニークな展示を行なっていた。しかし、今年6月末に惜しまれながら閉店している。車には、『地域人』編集部の山﨑範子さんも同乗している。

最終便のフェリーは19時半に出航。揺れを心配して早めに横になっていたが、海は静かで、気がつけば眠っていた。夏休みのためか、フェリーもホテルも予約が取りにくく、昔ながらの民宿に泊まる。

喫茶〈再会〉の扉から佐渡の本めぐりがはじまった

翌朝、広間で朝食を食べたあと、両津港の近くにある喫茶店〈再会〉に入る。店のロゴがいい感じ。壁一面に扉付きの大きな本棚があり、現代文学を中心にたくさんの本が並んでいる。佐渡についての本も多い。

女性の店主に聞くと、亡くなったご主人の蔵書だという。東京の喫茶店で働いていた頃から、本屋に通って好きな本を買っていた。

「1961年に開店した当時は〈丸屋書店〉の裏にあったので、新聞の広告で見た本を丸屋さんに注文していました」とおっしゃる。丸屋書店といえば、これから取材する本屋じゃないか。

蔵書印が押された本は、とくに愛着があったものだろうか。このまま座って、ゆっくり本を眺めていたい気もするが、そうもしていられない。

次に向かったのは、〈佐渡市立両津図書館〉。市役所の支所の中にあり、閲覧席からは加茂湖が一望できる。

はじめての町に行ったときは、図書館の郷土資料コーナーを見ると、なんとなくその土地の雰囲気が判る。ここにも、昔の佐渡の写真集や郷土雑誌が並んでいた。佐渡の人たちに聞き書きした田中圭一『島の自叙伝』（静山社）は、〈再会〉の本棚にもあった。

三代目のアンテナが光る棚づくり

両津夷本町《えびすほんちょう》商店街には、古くから続く商店が軒を連ねる。その中にある〈丸屋書店〉

は１９２３年（大正12）創業の老舗書店だ。

「祖父が創業した場所ははす向かいで、昭和10年代にこの場所に移ったそうです」と話すのは、三代目店主の野尻健吾さん。

「家が本屋で両親には本を読めと云われましたが、子どもの頃は活字に抵抗がありました」

東京の大学に入った頃から本を読むようになり、長男だからと本屋を継ぐことにした。東京の本屋で２年間働いて仕事の流れを学び、96年に佐渡に戻った。

文芸から実用書、コミックまで幅広く扱う。入り口近くにはパズル・クイズの雑誌や書籍がずらりと並ぶのに驚いた。

「年輩のお客さまが多いので、クイズ関係はよく売れます。種類も多く、棚が足りないほどです。健康や歴史の本もよく売れますね」

一方で、子どもが減っていることもあり、参考書は動きが鈍いという。

「昔は子どもの立ち読みも多かったんですけどね。いまはむしろ立ち読みを歓迎していますす（笑）」

もうひとつの特徴は、佐渡に関する本のコーナーだ。ガイドブック、歴史や民俗の研究書など多様だ。「佐渡の人は地元についての本が好きなんです」と云う。佐渡が舞台の推理小説や映画の原作本もあって、野尻さんの張るアンテナの幅の広さを感じる。

私は今年創刊45年を迎えた『佐渡郷土文化』と、佐渡が舞台のひとつとなるスザンナ・ジョーンズの小説『アースクエイクバード』（ハヤカワ文庫）を買った。後者はネットフリックスで映像化されている。

「佐渡には週刊誌は1日遅れで入ってきますし、注文の本が届くまでには10日から2週間はかかります。これでも、ネットで在庫が判るようになって、ずいぶん楽になりました」と野尻さんは云う。

ネットで新刊の情報をこまめにチェックし、店に合う本を発注する。

「お客さまに教えられることも多いですね。新聞の切り抜きを持っていらっしゃる方もいます」

来店する客は半分以上が顔見知りなので、その人が好きな時代小説の新刊をすすめるなど、丁寧に対応することを心掛ける。個人宅や役所などへの配達も、毎日のようにしている。

「紹介した本を買ってもらえるとうれしいですね。ただ、売り上げは下がっているので、いろいろ工夫していかないと。本屋の仕事は好きなので、できる限り続けたいです」

この通りには、昔からの本屋があと2店あるというので覗いてみた。〈石川書店〉も幅広い品揃えで、ここにも佐渡関係の本が多かった。ここは２０２０年から始まった御書印プロジェクトの参加店。〈藤井書店〉は店の感じも中に並ぶ本も、時間が止まっている。

昔の文房具の看板や椅子を出して往来の客と会話する風景は、そのまま博物館の展示のようだ（現在は閉店）。

山里にあるディープな品揃えの古本屋

東京に戻る山﨑さんと別れ、両津から南へと向かう。1時間近く走った山里に一軒家がある。その真ん中は〈ちょぼくり〉というそば屋で、右側はドーナツの〈タガヤス堂〉、そして左には〈ｋｏｂｉｒｉ〉という古本屋がある。

竹内正則さんとパートナーの武藤美貴子さんは、東京都北区で〈くしゃまんべ〉という古本屋を営んでいた。二人はパフォーマーでもあり、佐渡のイベントに出演したことがきっかけで、この地に家を借りる。そして、２０２０年8月に開店した。店名は佐渡の言葉で「おやつ」の意味だという。

芸能やサーカスの本などかなりディープな品揃えだ。山本修巳『かくれた佐渡の史跡』（新潟日報事業社）を買う。本のほかにも、佐渡の土人形も置いている。店をやりながら、パフォーマーとしても活動し、田んぼも耕す。こういう複合化も面白い。

取材時には準備中だったが、9月末にはｋｏｂｉｒｉから30ｍのところに、〈ニカラ〉という新しい本屋がオープンした。店主の中田幸乃さんは以前からの私の知り合い。小豆島にある〈迷路のまちの本屋さん〉のスタッフだった。新刊のほか雑貨も扱うという。

そのまま小木まで南下し、小木港近くのカフェの中にある〈南書店〉を覗く。ここは新潟市〈北書店〉の佐藤雄一さんが選んだ新刊と古本を販売している。

小さな集落にある演劇史専門の図書館

最後に向かったのは、猿八《さるはち》という場所だ。対向車がすれ違えないほど細い道を抜けて山を登って行った先にある集落だ。こんなところに、本のある場所があるのかと不安になったところに、集会所のような建物が出現する。ここは〈鳥越《とりごえ》文庫〉という図書館なのだ。

1998年に開館した同館では、早稲田大学坪内博士記念演劇博物館の館長を務めた演劇史研究者の鳥越文蔵さんの蔵書約2万冊を収蔵し、手に取って読むことができる。棚を一通り眺めるだけで、演劇や歌舞伎、郷土芸能に関する貴重な本が見つかる。奥には畳敷きの談話室もある。

「ここは佐渡市の施設ですが、猿八の自治会で管理しています」と、出迎えてくれた平野公一さんは話す。わずか10世帯というこの集落に鳥越文庫が開館するまでには、人と本の縁があった。

鳥越博士の教え子である西橋健さんが猿八に移住し、文弥人形芝居などの佐渡の芸能に取り組む。そして猿八の廃校になった小学校の活用法を模索した結果、鳥越博士の蔵書を収蔵することになったという。

開館の翌年から毎年、「鳥越文庫夏季講座」が開かれた。隣の木造校舎を会場に、古典芸能の実演や研究者の講演を行なった。

「演劇や芸能の研究者や学生さんが訪れて、本を読んでいらっしゃいます。静かな場所でゆっくり本を読んで過ごしてほしいです」と平野さんは話した。

鳥越さんは今年（2021年）4月に89歳で亡くなったが、本はいまでもここにあり、行けばいつでも出会えるのだ。

山を下りる頃には夕日が沈みかけていた。佐渡の「本のある場所」をめぐる旅は駆け足だが、楽しかった。

（2021年11月・第75号特集）

書店 好文《こうぶん》の木（神奈川県湯河原町）

――文具も駄菓子も雑貨も。頼りになるまちの本屋

湯河原駅から徒歩10分の住宅地にある〈書店 好文の木〉。店内は40坪、新刊と古書、文

具を扱う。

１９４７年、駅前の映画館内に貸本屋〈文昭堂〉を開店。その後、新刊書店となり、一時期は町内に3店舗があった。２０１２年に現在地の隣に移転し、〈好文の木〉と店名を変更した。

「当時は読み聞かせや折り紙教室など毎月のようにイベントを行なっていました」と、店長の林純子さん。本の売り上げが減少するなか、湯河原町でただ一軒の新刊書店としてやれることはなんでもやった。同店を応援する作家の田口ランディさんの発案で、19年には店の前で「湯河原町一箱古本市」を開催。私も手伝った。それでも経営は厳しく、同年10月に規模を縮小。

「新型コロナウイルスの感染拡大で本屋の需要が高まり、一時期は売り上げが上向いた。けれど、落ち着いたらまた下がっています」と林さんは苦笑いする。新刊だけに頼らず、古書のネット販売、名刺印刷などで売り上げを確保する。

それでも、お客さんと話すとき、本屋が必要とされていると感じる。

「常連さんと天気のことや世間話を交わすことで、『また来るね』と云ってもらえる。身の上相談みたいになることもあります（笑）」

前と同じことをやっていても、本屋は生き残れない。店長やスタッフに客が会いに来るということに、活路が見つかるかもしれない。

「注文通りに本が入らないから棚づくりどころじゃない」とぼやくが、地元に関する本には目配りを欠かさない。やっぱり根っからの「本屋」なのである。

（2022年8月・第84号特集「イイネ！神奈川県」）

〔追記〕好文の木は2023年12月に閉店した。

アトリエ プシケ（神奈川県湯河原町）

――ここは遊び場　本があれば話は弾む

〈好文の木〉から車で3分。貸倉庫の一画が、作家・田口ランディさんのアトリエ〈プシケ〉だ。「ギリシャ語で〝魂〟の意味なんです」と、愛犬のバウとともに出迎えてくれた。作家になる前から30年以上、湯河原の地に住んでいる。

向かいの〈カフェSampo〉に通ううち、この場所が空いていると知り借りる。友人と一緒に壁に珪藻土《けいそうど》を塗り、メキシコをイメージする窓をつくり完成させた。「電気もエアコンもなくていいやと。だから、昼間しか開けてないの」とランディさん。

自身の著書やこれまで読んできた本を100冊ほど並べ、古本として販売する。ハロウインや夏至にはカフェと共催でイベントを行なう。開店は自身のフェイスブックやツイッターで告知する。

「私の遊び場みたいなものですね。本があるだけで来た人との話が弾むんです。今後は私の手づくり本を置いたり、写真展や朗読会をやりたいです」

（2022年8月・第84号特集）

〔追記〕2024年8月現在、休業中。今後、芸術療法の場として再オープン予定。

古本イサド ととら堂（神奈川県逗子市）

——時間を忘れてゆっくりと宝探しをしよう

JR横須賀線・逗子駅から「銀座通り」という商店街を5分ほど歩くと、路地の奥に一軒家がある。〈古本イサド ととら堂〉という看板が大きく出ていなければ、ここが店だとは判らないだろう。

入り口からいろんな角度で本棚が並び、迷宮みたいだ。奥に進むと、本棚に囲まれた窓のようなところに帳場があり、その前にただならぬ雰囲気をまとったご老人が座っている。

スッと立ち上がって帰って行く背中を見ていると、「ご近所にお住まいの詩人の方ですよ」と、店主の木村海《かい》さんが教えてくれた。「よく通ってくださいます。入り口の暖簾《のれん》の俳句も書いてくださいました」。

店内には文学、思想、芸術など幅広い本が並ぶ。「逗子は文学の伝統が根付いていて、自然や精神世界への関心も高いです。でも、一つのジャンルを掘り下げすぎないようにしています。お客さんが棚を眺めているうちに一冊の本にピントが合うのが、実店舗の良さだと思うので」と木村さん。ネット通販より店舗の方が売り上げはいい。店頭の在庫は約2万冊。

たしかに、一つの棚にいくつかのテーマが混じって眺めるのが楽しい。私は野呂邦暢の『失われた兵士たち』（芙蓉書房）を買った。

ポスターや版画も充実している。「鎌倉や葉山に作家が多く住んだこともあり、お客さんからの買い取りにいいものが多いんです」。

木村さんは葉山生まれで、若い頃はバンドをやりつつ大工として働く。「この店の改修も半年かけて一人でやったんです」と笑う。その後、アルバイトしていた横浜の古本屋の先輩が、東京の学芸大学駅前に〈流浪堂〉を出店（休業後、2024年に移転開店）。12年働いた後、2012年にこの店を開いた。店名は宮沢賢治の『やまなし』に登場する地名と南米のケチュア語で〝葦〟を意味する言葉を合わせた。

奥の展示スペースでは、イラストレーターや写真家の個展を開催する。「この辺はギャラリーが少ないので、若い人が作品を発表する場として提供しています」。6月末には開店10年を記念して、元田敬三さんの写真展を行なった。

「古本屋って本を売るというより、お客さんに信頼を買ってもらっている気がするんです」

取材時にも、来店した若者が目にしたポスターについて、丁寧に説明していた。「これからも、いい意味で遊んでいたいですね」と木村さんは笑った。

（2022年8月・第84号特集）

第二章　図書館　郷土の「知」を未来に手渡す

評論家の高田宏は、地域の公共図書館を「プライベートであることとパブリックであることとが同時になりたつ空間」であってほしいと書いた（「町の図書館」、『本のある生活』新潮社）。たしかに、心地よい図書館では、この両者がバランスよく共存している。

隠岐の海士《あま》町では、島の大小の施設をつないで、ゆるやかに「本のある場所」をつくっている。中央図書館の一角にあるカフェコーナーは、喫茶店の少ない島では個人がくつろげる貴重な場所だ。

〈鯖江市文化の館〉では、地域の文化である眼鏡、漆器、近松門左衛門などの資料を収集するとともに、「さばえライブラリーカフェ」という場を通じてさまざまな分野の「知」を発信している。

横須賀市の私設図書館〈衣笠駅徒歩1分図書館〉は、子どもたちの居場所としての役割を持ち、本の並べ方にもプライバシーへの配慮がある。

複合型の施設が増えるなど、新しい面が注目されがちな公共図書館だが、郷土の歴史や文化に関する資料を公開するとともに、未来へ手渡す役割を担っている。

貸出冊数や来館者数のように目に見える数字で評価するだけでなく、それらの資料がどのように利用されているかを見届ける必要があるだろう。

福井県鯖江市の〈鯖江市文化の館〉（p 170）
撮影：宮崎 誠

島まるごと図書館構想（島根県海士町）

――「島全体を図書館に」住民の想いが見事に結実

高速船は18時に菱浦港に入った。ここは島根半島から60kmの沖合に浮かぶ隠岐諸島で、島前《どうぜん》を形成する3つの島の一つ、中ノ島。島根県隠岐郡海士町が位置するこの島に来るためには、島根県の七類港《しちるい》か鳥取県の境港《さかいみなと》からのフェリーか高速船に乗る必要がある。後者は、少し波が高ければすぐに欠航する。島後《どうご》の西郷には空港もあるが、島前にたどり着くには使いづらい。

海士町は遠い。この日、羽田から飛ぶはずだった米子空港が、自衛隊ヘリの事故で閉鎖され、福岡―出雲と飛行機を乗り継ぎ、七類港までタクシーを飛ばして間に合ったから、なおさらそう思う。同じ島根県の出雲市出身の私だが、隠岐を訪れるのは2回目だ。

後鳥羽上皇が配流の末に亡くなった地であり、ラフカディオ・ハーン（小泉八雲）が愛した中ノ島。昭和20年代には7000人だった人口は、2353人（平成29年度）にまで減っている。

その海士町では2007年から「島まるごと図書館構想」を進めてきた。当時、島内には学校図書館を除けば、図書館と呼べるものはなく、中央公民館の中に1500冊ほどの図書室があるだけだった。

海士町は「持続可能な地域社会を目指し、人間力溢れる人づくり」を目標に掲げ、図書館事業に着手する。

「予算はないし、蔵書もない状況を逆手にとって、島中のさまざまな施設を分館とし、そのネットワークを一つの図書館と見立てようとしたんです」と語るのは、〈海士町中央図書館〉主任の磯谷《いそたに》奈緒子さん。海士町では町民の2割がIターンだと云われるが、彼女もその一人。

関西の大学を卒業後、屋久島などで生活。情報誌を見て、海士町に移住することを決める。「いろんなことにチャレンジできそうな町だという直感がありました。海士町が島だということも知らなかった」と笑う。地元の人と結婚後、カフェを始める。そこで自分の本を置いて、お客さんが借りられるようにしていた。そんなある日、島内放送で図書館司書を募集していることを知り、手を挙げた。

公民館の図書室にソファとコタツを置き、明るくてくつろげる空間に変えると、利用者が増えた。少ない冊数で魅力的に見せるために、階段を使って面出し（表紙を見せる）したりもした。

それとともに、保育園、小学校、中学校、高校、公民館などを「分館」として充実させていった。現在（2018年）では17館もの分館がある。4人の職員が分担して、各館を担当している。

10年10月には、公民館に併設して、中央図書館が開館した。170m^2の木造平屋建て。天井が高く、窓の外には田んぼが広がっている。とても居心地のいい図書館である。

入り口近くには「カフェコーナー」があり、コーヒーやお茶を入れて館内で飲むことができる。喫茶店の少ない島ではこういう空間は貴重だ。

島ならではの独自のゆるさが有機的な活動を生む

翌日、磯谷さんが運転する車に乗せてもらい、分館を見て回る。中学や高校、島の南端にある崎《さき》文化センターなどは時間の関係で見られなかったが、本当は全部回りたかった。

最初に行ったのは、福井小学校。島にある2校の小学校の一つだ。児童は全体で約50人。15年に新築した校舎を入った正面が図書館だ。蔵書は7000冊。磯谷さんは週4日、学校司書としてここに勤務する。

「昼休みに来て、私がいると話しかけてくる子が多いです。『切り紙の本を見たからやってみよう』とか」

本で調べて問題に答える「としょかんクイズ」は、正解するともう1冊借りられる券がもらえるとあって、熱心に参加する子もいる。

図書館は授業でもよく使われている。先生向けのおすすめ本コーナーもある。学校と司書のコミュニケーションがよく取れているようだ。

また、子どもの本だけでなく、大人向けの本も置かれている。地域に開放され、誰でも利用できるからだ。毎年秋にある学習発表会では、ここは「ライブラリーカフェ」として保護者や地域の人々の交流の場になる。

児童が通いやすい図書館になったこともあり、同校の平均貸出冊数は一人あたり年84冊。もう1校の海士小学校では100冊を超えている。部活や受験があり、読書率が下がると云われる中学、高校の貸出冊数も多く、特に島前高校は県内トップだという。

海士町では、保育園〜高校までの連携教育体制ができている。図書部会に属する先生が集まり、運営について話し合うという。月2回は「ノーメディアデー」として、ゲームやテレビから離れて本に親しむことを推奨している。

次に行ったのは、けいしょう保育園。園が購入した本とは別に、図書コーナーを設け530冊を並べている。絵本のほか、子育て中のお母さんに薦めたい育児や料理の本、あるいは気分転換になりそうな本を並べる。母子で借りていくことも多いという。園児ごとの貸出カードは、読書の記録にもなる。

「この保育園は私立ですし、高校は県立ですが、行政の組織を超えて、本のことはすべて図書館が関わっているんです。島だからこそのゆるさがあるから、有機的な活動ができる

のかもしれませんね」（磯谷さん）

熱心なスタッフによる魅力的な書棚づくり

本館と分館の蔵書を管理するシステムを導入してはという話もあったそうだが、「そんな予算があったら、蔵書の購入費に充ててほしいと断りました」と磯谷さんは笑う。たしかに、こうやって巡回して、施設のスタッフと話すことで、何が求められているかが見えてくる。データからは読み取りにくいニーズを、肌身で知ることができるのだ。

保育園だった施設を使った〈あまマーレ〉は、シェアオフィスや古道具屋などがあり、さまざまなイベントが行なわれる場所だ。ここの蔵書は570冊。廊下には生活や料理、デザインなどの本を置き、シェアオフィスには仕事の本や雑誌、子ども部屋には絵本と、部屋に合わせて選書している。スタッフからのリクエストも多いという。

旧家の屋敷を公開する村上家資料館の入り口には、この家と縁の深い後鳥羽上皇に関する本や俳句、郷土に関する本など、50冊程度が置かれる。バスを待つ観光客が眺めていく。施設を管理する地域づくりの会社「巡《めぐり》の環《わ》」のスタッフ、角真理子さんは、5年前に出雲市から移住した。「中央図書館には月に2、3回。生活についての本を借りますね。あとマンガが充実しているのもうれしいです」と云う。

そのほか、海士診療所の待合室では医療についての本や気軽なエッセイを170冊、港に面したキンニャモニャセンターでは船に乗る人が読める文庫や雑誌を中心に720冊、菱浦地区公民館では実用書や小説を中心に260冊、マリンポートホテルでは宿泊客が部屋で読める郷土資料やエッセイなどを170冊、公立塾である隠岐國《おきのくに》学習センターでは、高校生の将来の夢につながるような本を中心に360冊、というように、施設に合わせて、冊数もジャンルもさまざまだ。

少ないスタッフで、分館ごとに異なる内容の棚を常にメンテナンスし、動きがあって生き生きとしたものにしていることに感心する。取材中も、磯谷さんは話しながら絶えず本棚を触り、返却ボックスをのぞき込んでいた。

移住を決めた理由は「この図書館があるから」

中央図書館に戻ると、窓際の席に並んで勉強をしている小学生や、文庫本を眺めている女性がいた。

中央館の蔵書数は3万5000冊。開館時の約4倍に増えた。13年にクラウドファンディングで集まった支援金で、蔵書を充実させることができた。それでも決して多いとは云えないが、棚を眺めていると面白い本が見つかる。「暮らしの本棚」や「海士学」「海士まちづくり本」などのコーナーもある。

「10年間取り組んだ結果、蔵書は本館・学校図書館を含む分館合わせて7万冊を超えました。施設の方から『こういう本を置きたい』という声ももらえるようになった。また、Iターンしてきた方に『この図書館があるから移住を決めました』と云ってもらえたのもうれしかったです」と、磯谷さんは語る。

図書館は施設と蔵書だけではない。その場所を魅力的なものとして輝かせる人たちの力が必要なのだ。この小さな島の小さな図書館たちを巡ってみて、改めてそう思わされたのだった。

（2018年5月・第33号特集「こんな図書館のあるまちに住みたい」）

みんなの図書館 さんかく（静岡県焼津市）

――商店街にある小さな図書館はまちや社会につながっている

漁港の町・焼津市の駅前通り商店街に、2020年3月にオープンしたのが〈みんなの図書館 さんかく〉だ。

「かつては遠洋漁業で栄えたエリアですが、いまは市内でも人口減と高齢化が進んでいます」と、館長の土肥《どひ》潤也さんは話す。

焼津市生まれの土肥さんは、大学時代から子どもや若者の社会参加に関わる活動を行なう。15年にNPO法人「わかもののまち」を設立。その後、20年に焼津市で町の人をつなぐコーディネート集団として「トリナス」を設立した。行政の助成金などに頼らず、手づくりのパブリックを実現する「私設公共」という考えを打ち出す。

「ここに図書館をつくったのは、僕の家の本棚があふれていたから。でも、本棚に自分が選んだ本を置ける『一箱本棚オーナー制度』を始めたところ、希望者が多くて僕の本を置くスペースがなくなりました（笑）」

現在のオーナーは60人ほど。図書館の司書、読み聞かせや同人誌の活動をしている人など多彩で、自然と本のバラエティも豊かになっている。公共図書館は遠く、本屋もない通りなので、小学生から老人までが立ち寄る。入り口では〈しましまコーヒースタンド〉が週3日営業する。

店名のさんかくは「参画」や「3人寄れば文殊の知恵」などに由来するが、「後でここの住所が3－3－33だと気づきました」と笑う。

昨年（2021年）4月に〈みんなの図書館 さんかく沼津〉がオープン。このほか、県内各所や長野県、新潟県、沖縄県などに「みんとしょ」ネットワークが広がり、現在約50館まで増えている。

また、今年（２０２２年）10月には「ブックフェスタしずおか」を開催。「まちライブラリー」提唱者の礒井純充《いそいよしみつ》さんらを招いてのトークセッションを中心に31日間、県内各地で本に関するイベントが行なわれる。その成果は記録集として刊行される予定だ（『ブックフェスタしずおか　本がひととまちを繋いだ31日間』さんかく出版　として刊行）。「本が身近に感じられる空間を、静岡の人と一緒につくっていきたい」と土肥さんは語る。

さんかくができて以来、この商店街には飲食店など11店が増えたという。「本のある場所」があることが、地域に活気をもたらしているのだ。

（２０２２年11月・第86号特集）

虹霓社《こうげい》／虹ブックス（静岡県富士宮市）

――富士山麓の小さな出版社と癖ある山の読書室

富士宮市の朝霧高原。車で走っていて、こんなところに「本のある場所」が存在するのかと不安になった頃に、〈虹ブックス〉の看板を見つけた。「晴れていたら目の前に富士山が見えるんですけどね」と出迎えてくれたのは古屋《こや》淳二さんだ。妻で共同管理人の然子《もえこ》さんと３人の子どもと暮らす。

自宅隣にある築60年の納屋を改装したという室内に入ると、アナキズムや思想、アート、『ガロ』系マンガなど一癖も二癖もある本が並ぶ。ここは本屋ではなく、私設図書室（まちライブラリー）なのだ。週3日開室（現在は事前予約制）。入室料500円で何時間でも滞在できる。

古屋さんは群馬県生まれ。東京で雑貨と古本の店を営む。この時期にアナキズム系の人たちと交流するようになった。「アナキズムの自由を求める精神に共感しました」。東日本大震災後、子どもが生まれたのを機に、地域おこし協力隊として徳島県神山町に移住する。その後、17年に朝霧高原に移った。

私設図書室として虹ブックスを始めたのは、昨年（2021年）7月のことだ。夫婦の蔵書に加えて、知り合いからも寄贈してもらった。「地元の方から『金子光晴全集』をいただいたときは、ここにぴったりの本だとうれしかったですね」と云う。

並行して、ファンだったつげ義春の公認Tシャツなどグッズを製作・販売。このとき付けた「虹霓社」（伝説の詩の出版社「ボン書店」の印刷所に由来）として出版活動を行なうように。評論家の新居格《にいいたる》やアナキストの石川三四郎に関する本を刊行する。つまり、ここは図書室兼出版社なのである。

今年（2022年）5月に詩人・高木護《たかぎまもる》の『放浪の唄　ある人生記録』を復刊。初版は800部程度だが、よく売れている。「これからも、世間的には忘れられているけど魅力のある人の本を出していきたい」と云う。

虹ブックスでは、一箱古本市や読書会を開催。集まる人はまだ少ないが、「本好きが集まり、何かをつくり出す場になるといい」と、古屋さんは抱負を語る。

図書室に収益はなく、出版社の利益も少ない。その分、ウェブ制作などの仕事もする。自然に囲まれ、好きな本に関わりながら自由に暮らしている古屋さん夫妻が輝いて見えた。

（2022年11月・第86号特集）

みんなの森 ぎふメディアコスモス 岐阜市立中央図書館

（岐阜県岐阜市）

——若い世代に支持される新・滞在型図書館

JR岐阜駅からバスで10分ほど走ると、木製格子屋根の建物が見えてくる。設計者は伊東豊雄。名称は公募により、〈みんなの森 ぎふメディアコスモス〉と名付けられた。利用する市民が主人公であり、「知と文化、絆」を育む拠点として、さまざまな情報が宇宙にまで広がっていくとする期待を込めての命名だという。〈岐阜市立中央図書館〉はこの中にある。2015年7月の開館以来、市民から「メディコス」として親しまれている。

1階にはホールやギャラリー、市民活動交流センター、多文化交流プラザなどがあり、活動に必要な作業を行なう複数のスタジオもある。コンビニやスターバックスコーヒーも入っている。中央はガラス張りの「本の蔵」で、書架が並んでいるのが見える。2階から入ることができる半開架の部分だ。

エスカレーターを上がると図書館のメインフロア。天井には、「グローブ」と呼ばれるグラスをひっくり返したような形のかさがいくつも下がり、ゆるやかにコーナーを形成している。

たとえば、展示グローブではさまざまな企画展示があり、それに関するイベントが行なわれる。利用者のオススメの本を並べる「市民がつくる本棚」や、「防災」「ライトノベル」などのテーマで司書がつくるコーナーがある。

また、文学書や郷土資料などジャンル別のグローブや、ヤングアダルト、児童など世代別のグローブがある。ヤングアダルトのグローブは中高生の専用席だ。奥の壁には掲示板があり、中高生からの恋や人生についての悩み相談と、司書からの回答が貼り出されている。いじめなどの深刻な悩みには、手紙を直接手渡すこともあるという。

本を読むのに飽きたら、テラスに出て金華山を眺めるのもいい。

同館が目指したのは、市民がずっとここに居たくなる、何度でも来たくなる「滞在型図書館」なのだ。

最も大切にするのは「子どもの声は未来の声」

「本館では、『子どもの声は未来の声』というメッセージを掲げています。ここでは、子どもが少しざわざわしていても親御さんと一緒になって見守ってほしい。一方で、子どもにも公共の場所でのマナーを学んでほしい。図書館がそういう場所になれば、その子が大人になっても通い続けてくれる。子どもから大人までの『サードプレイス』（自宅や職場とは別の居場所）になってほしいんです」

と語るのは、吉成信夫館長（取材時）。東京でビジネスマンとして働いたあと、岩手県で県立児童館の館長や〈森と風のがっこう〉の運営を経て、公募で岐阜市立図書館の館長となった。

「3カ月後にオープンするまでに、運営計画を組み直し、レイアウトを固めていきました。司書も全員話し合いに参加してもらいました。自分で表現できることを彼らも喜んでくれました」

最初の目標は、利用者の年齢層を低くすることだった。子育て中の世代が通いやすく、安心して居られる空間をつくることに努めた。

開館から約3年。旧館の頃は6割が40代以上だった利用者が、いまでは40歳以下の子ども・若者・子育て世代が6割を占めるほどになった。

絵本・児童書のコーナーには、靴を脱いで上がれるところがあり、かまくらのように中に入って一人で本を読める「ころん」「ごろん」もある。館内では乳幼児向けのおはなし会を毎日開催し、年齢別でも定期的に開催している。また、子どもが知りたいことを書いてポストに入れると、館長自らが返事を書いて掲示板に貼り出している。

「本をあまり読まないという子がいてもいい。でも、その子が読みたいと思ったときに図書館が役に立つことを知っておいてほしい」と吉成館長は云う。そのため、昨年（2017年）策定された「第2次岐阜市子どもの読書活動推進計画」には、何冊読むべきという数値目標を入れず、子どもが本と出会える機会を増やすとともに、本を読んで感じたことを表現できる機会を増やすことを目標とした。

そのために、同館では「子ども司書養成講座」を開いている。20名が参加し、図書館の機能や司書の仕事を学びつつ、ブックトークやポップづくりを体験する。また、この講座を修了した子ども司書たちが、企画、構成、出演する「小さな司書のラジオ局」があり、コミュニティラジオで放送される。

「大人は指導せずに、できるかぎり子どもたちにやらせます。『家出』をテーマにした回もありました。やっているうちに、自分の考えを瞬時にまとめて話せるようになることには驚きました」と館長は云う。

学校図書館との連携が子どもの読書活動を盛んに

翌日朝、きららという愛称の「わんこカート」が車に積み込まれた。大きな犬のぬいぐるみの後ろには本が収納できる。普段は館内にあり、来館する子どもたちに親しまれている。このカートとともに館長と司書が市内の小学校を訪れるのだ。なお最近、このカートの2号も登場したそうだ。今度はネコ形の「にゃんこカート」で、愛称は子どもたちからの応募をもとに決まるそうだ。

この日は加納西小学校で、1、2年と3年に紙芝居や絵本の読み聞かせを行なった。吉成館長自らが絵本を読むと、「カンチョー!」と声が飛ぶ。同じ絵本を読んでも、学年が違うと反応も変わるのが面白い。館長は「僕は小学生のときは本が好きじゃなかった。でも、中学生になると、たくさん読むようになった。本は自由に、好きなように読んでいいんだよ」と、子どもたちに語りかける。

その場にいたほとんど全員がメディコスを訪れたことがあるという。3年生に聞くと、「調べ物をしたり、借りたい本を探したりします」とすでにヘビーユーザーのようだった。

小学校には「本のお宝帳」という読書ノートを配布し、達成冊数に応じてグランドマスター、リーダーなどの称号を授与している。また、「本のお宝帳通信」というペーパーも発行しているので、ほかの学校の様子も判る。

これらの事業は、2015年度からメディコス内に設置された「学校連携室」が中心となって行なう。図書館から学校に出向くだけでなく、学校図書館の活動をメディコスにフィードバックしてもらい、ともに子どもの読書活動を盛んにしていくことを目指す。

市立図書館システムと学校図書館システムを連動させることで、学校図書館から市立図書館の蔵書への予約貸し出し、返却ができる仕組みもある。

誰にでも居心地がいい〝開かれた図書館〟づくり

メディコスは、子どもだけでなく、誰にとっても居心地がいい図書館になっている。世代や目的に応じて、多様な使い方ができるのだ。

岐阜県の郷土資料を収集するとともに、「みんなの図書館　おとなの夜学」と称して、NPO法人ORGANとの共同企画で、岐阜の地域文化や歴史に関する講座を行なう。陶器、昆虫、落語、船、和紙などのテーマごとに専門家を招いて話を聞く。

また、本を媒介としたコミュニケーションを広げていくために、地元の書店や映画館のスタッフと吉成館長が出演するトークショー、市民が主体的に図書館に関わるための「ぎふライブラリークラブ」の活動もある。

ビジネス支援にも力を入れており、ビジネス支援セミナーを開催するとともに、司書と岐阜県よろず支援拠点のコーディネーターが応対する「ビジネス支援相談窓口」を設けている。

「この窓口は以前は週1回でしたが、相談に来る人が増加したため、週2回に増やしました。ニーズが見えてくると、やるべき事業が増えるんです。当館の職員は75名、うち司書は55名ですが、新しい事業に応じて、非常勤職員を増やしています」

また、岐阜市では繊維やアパレルが中心的な産業だったことを背景に、JR岐阜駅近くの図書館分館に「ファッションライブラリー」を設けているのもユニークだ。

吉成館長は若い頃に、1960年代にアメリカで発行された雑誌『ホール・アース・カタログ』の影響を受けたという。

「生きていくために必要な知恵を得られるのが、本であり、人だと思います。そういう場所を岐阜の人たちと一緒につくりたいと、館長に応募するときの論文に書きました。『知』は一部のインテリや専門家のものだけではありません。昔から伝えられた知恵や身体的な経験も含みます。この図書館では、そうしたいわば公と私の両方の『知』をつなぎ、『共同知』として育てていこうと実験しているところなんです」と、期待を込めて館長は語る。

「開かれた図書館」を本気でつくるためには、ここに関わる人たちすべてが主体的でなければならない。実行に移すのはなかなか難しいが、このメディコスでは、あちこちで「その気があれば、ココではなんでもできますよ」という誘いのメッセージを発しており、自分でもできることがあるかもと思わせてくれる。

何気なく手に取った「みんなのたからものMAP」は、利用者のアンケートをもとに、地元の人が勧める飲食店やカフェを紹介するイラストマップだ。このイラストは絵を描くのが得意な司書が描いているらしい。図書館の中と、外にある町がつながっていることを示す、素敵な例だと思った。

（2018年5月・第33号特集）

学びの杜　ののいちカレード（石川県野々市市）

――図書館を核に、万華鏡のように多面的な市民学習機能が融合

芝生の向こうに、折り鶴のようなかたちの建物が見えた。2017年11月にオープンした〈学びの杜　ののいちカレード〉（以下、カレード）である。

カレード（Kaleid）とは万華鏡の意味。その命名の由来は館内に入ると、一目で判る。赤を基調とした床や書架、それに人の動きが、ステンレスの鏡面になった天井に映り、プリズムのように反射しているからだ。

「床が赤いのは、市の花が椿だからです。天井からピンクの布が下がっているのは空間の広がりを感じてもらうためですが、これも椿をイメージしています。また、椿に関する本のコーナーも設けています」

と説明してくれるのは、堀尾あづみ館長。2009年に株式会社図書館流通センター（TRC）に入社。東京都新宿区、鹿児島県の図書館を経て、カレードの開館から館長を務める。

同館が「万華鏡」であるもうひとつの理由は、ここが市立図書館と市民学習センターの複合施設であることだ。それも、同じ施設内に同居するだけでなく、配置的にも機能的にも両者を融合させている。

たとえば、4つあるスタジオには窓があり、内部の様子が図書館スペースから判る。そしてキッチンスタジオの入り口には料理の本棚、音楽スタジオの前には芸術の本棚というように、関連づけている。

「『本を借りに来たら、スタジオの中で勉強会をしている様子が見えて、刺激になりました』という声をいただきました。また、勉強しに来た中学生がギャラリーの展示を見て感激したという話もあります。図書館を利用する人と、市民学習センターを利用する人をごちゃまぜにして、活気のある空間を生み出すことを目的としています」と堀尾さん。

複合というよりは融合。ユニークな施設が生まれた背景には、石川県野々市市ならではの事情があった。

野々市市は人口約5万5000人。隣接する金沢市のベッドタウンで、金沢に通勤する割合が高い。住民の平均年齢が40・7歳と低いのは、若い家族が多く、また市内に2つの大きな大学があるためだ。市になったのは2011年。人口も年々増加しており、発展中の地方都市と云える。

以前の図書館は旧北国街道に面した本町地区にあったが、建物の老朽化に加えて、スペースが狭く蔵書数も約5万冊と少なかった。また、市内には生涯学習に利用できる施設が少なく、市民からの「学びの場が欲しい」という声が多かった。陶芸が盛んな土地であり、窯のある施設との要望もあった。

このため、市では2014年に市民、関係団体、有識者らで構成する検討委員会を設置し、複合施設の基本構想をつくった。そして、市と設計、建設、運営、管理それぞれの企業の共同によるPFI方式（民間の資金と経営能力・技術力を活用した公共事業の手法）で、計画を進めていった。場所は県立養護学校の跡地1万8800m²に決まり、市民からも受け入れられて建築が進められたという。

TRCはカレードの運営・管理を担当。開館後11年5カ月という契約期間があるから、長い目で運営していくことができる。スタッフは現在24名で、図書館・市民学習センターそれぞれの分担はあるが、ミーティングは全員で行なう。複合施設にありがちな風通しの悪さは、ここでは感じられない。

月平均4万人の利用者を集める知の拠点へ

改めて、館内を見ていこう。

1階の中央部には書架が並び、その周囲を各スタジオや会議室、ギャラリーが取り巻くように配置されている。蔵書数は現在約15万6000冊。設備的には25万冊まで収容可能だ。

入り口からすぐ左側は、児童図書スペース。低めの棚を使い、絵本は表紙を並べる。児童書の貸し出し冊数は多く、全体の半分近くを占める。

天井にあるパオが下に降ろされると、その中でおはなし会が行なわれる。最大で50名の子どもたちを収容できる。このパオのイラストを描いたのは、同市出身のアニメーター・米林宏昌《よねばやしひろまさ》さん。スタジオジブリ出身で、『借りぐらしのアリエッティ』などを監督している。同館には米林さんの仕事に関する資料のコーナーもある。「里帰りされると、お子さんを連れてよくいらっしゃいますよ」と堀尾さん。

児童図書スペースも含め、各スペースは扉などで区切られていない。スペースを示す壁が、おしゃべりもできるスペースは暖色系、静かに本を読むサイレントコーナーでは寒色系に塗られ、区別されているだけだ。

奥に進むと、一般図書スペースになる。文学から専門書まで幅広く置く。刊行されて半年たたない本が、新着コーナーではなく書架に入っている。

ここで目に入ってくるのが、2階天井までそびえる2つの「ブックタワー」だ。耐震壁のある柱を書架とし、1階は開架、2階から上は閉架書庫として利用している。まさに知の象徴という雰囲気だ。

南側のブックタワーの1階には、ビジネス支援に関する本のコーナーがある。カレードは、市商工会の主催で、創業して成功するために必要な、経営、財務、人材育成、販路開拓の知識を学ぶ「創業塾」の会場になっているが、そこにビジネス支援の担当者が参加するので、連動した選書になっている（取材当時）。

壁に沿って棚を見ていくと、前述したように、各スタジオの目的に合わせて、近くの棚のジャンルが決められている。書架の本は自由にスタジオに持ち込めるので、参考書を見ながら音楽や陶芸の実習を行なうことができる。

「スタジオは防音になっていますが、実際にオープンしてみると、キッチンスタジオから料理の匂いが外に漏れてくることがありました。でも、図書館の利用者の方から苦情が来ることはなく、かえって生き生きとした感じになりました。こういう思いがけないことも、融合のメリットのひとつとして捉えたいと思っています」と堀尾さんは前向きだ。

北側の壁面には、郷土資料が並ぶ。椿関係の本のコーナーと並び、選書に力を入れているのが北国街道に関する本のコーナーだ。野々市市では「北国街道にぎわい創出プロジェクト」を進めているが、図書館としても旧北国街道筋で開催されるイベントに参加したり、所蔵する古い映像資料を郷土資料館で上映したりしている。

2階に上がると、ヤングアダルトスペースがある。10代向けの本が並ぶ書棚と、学習室がある。このほか、各所に閲覧席や椅子があり、その合計は３００席になる。

「それでも学校の試験期間には満席になってしまいます。こんなに多くの学生さんが来館されるとは、オープン前は予想していませんでした」と、堀尾さんはうれしそうだ。

オープンから1年で来館者は55万９０００人に達した。当初目標の30万人を軽くクリアした。月平均では約4万人だ。新規で利用カードを登録した人も2万人以上。これには市外からの利用者も含まれる。

利用者の年齢層は、時間帯によって大きく変わる。昼間は高齢者と児童が多いが、17時以降は学生と社会人が中心になる。「22時まで開館しているので、仕事帰りの方や、子どもを寝かしつけてからやってくる方がいらっしゃいますね」。土日の入館者数は平日の倍になるそうだ。

魅力的で多彩なイベントと最新の設備

図書館と市民学習センターが融合した同館では、毎月、さまざまなイベントや講座が行なわれている。

たとえば昨年（２０１８年）12月には、おはなし会、かがく実験教室、映画上映会、陶芸教室、料理教室、クリスマスライブ、朗読ライブなどが開催された。土日には必ず何らかのイベントが行なわれている。

スタッフが独自に発案した「コラージュで怪文書を作ろう！」ワークショップは、不要なチラシや新聞などから切り取った単語やビジュアルを組み合わせて作品をつくるという、ユニークな企画だ。

また、ギャラリーではアーティストの個展や市民の作品展を開催する。昨年には絵本作家・いわいとしおさんの『１００かいだてのいえ』（偕成社）の展示があり、いわいさんの講演や子どもたちがダンボールで空想の家をつくるワークショップが行なわれた。

図書館の運営に市民が参加する「カレードサポーターズクラブ」の制度もある。養成・育成の講座を受けた市民がボランティアとして、本の修理や読み聞かせ、イベントのサポートなどを行なう。現在80名が参加している。「サポーターになった方から『いろんな人と知り合いになれるのがうれしい』と云ってもらえました」と堀尾さん。

多くの人の力とアイデアを生かす一方で、本の貸し出し・返却は自動で処理を行ない、予約した本の受け取りも利用者が自分で予約棚から取り出すなど、省力化に努めている。また、大きな文字で新聞記事が読めるデジタルサイネージの電子新聞や、NHKから提供された野々市市関係のニュースが見られる「カレード映像アーカイブス」などは、今後よく使われていくだろう（取材当時）。

計画から完成まで図書館と市民学習センターの融合というポリシーを貫き、その精神が運営にも生かされている。まさに、市民のための図書館の新しいかたちだと思う。

（２０１９年２月・第42号特集「図書館とまちづくり」）

〔追記〕現在、「創業塾」連動の選書、電子新聞、「カレード映像アーカイブス」は行なっていない。

鯖江市文化の館（福井県鯖江市）

――地場産業への注力と友の会との密な関係

〈鯖江市文化の館〉は、福井鉄道福武線・水落《みずおち》駅から徒歩15分、ＪＲ西日本北陸本線（現・ハピラインふくい）・鯖江駅から車で5分ほどの場所にある。図書館は1階と2階にあり、2階には映像情報館（多目的ホール、会議室）、視聴覚ライブラリーも併設する。開館は1997年。

以前の図書館は市役所近くのレンガ造りの1フロアの建物であった。蔵書は最終的には10万冊ほどだった。

「いまの図書館のある場所は、93年に丹南地方拠点都市地域に指定されました。そこでここに図書館を含む世代間交流のための施設をつくることになったんです」と館長の早苗《さなえ》忍《しのぶ》さん（現在は退職）が説明する。早苗さんは大学卒業後、学校図書館を経て旧館時代から市立図書館で働いてきた。

「計画にあたっては、市民とともにつくる市民のための図書館を目指し、市民からの要望を重視しました。1階の畳敷きのスペースや喫茶室、2階の授乳室などは、それを受けて実現したものです」

この背景には、旧館時代から活動する「さばえ図書館友の会」の存在があった。

「市民に開かれた図書館をつくろうという声の高まりを受けて、1988年に発足した市民のボランティア組織です。図書館の応援団ですね」と話すのは、友の会事務局員の岡田一司《かずし》さん。

本の配架、本拭き、読み聞かせ、読書会、ライブラリーカフェ（後述）などの活動を行ないながら、毎月『友の会たより』を発行する。2018年12月で第363号に達する『友の会たより』は現在12ページもあり、活動報告や会員のエッセイを掲載している。会員数は約220人。年会費1500円を活動の財源にしている。

「これまでには危機もありました。文化の館が開館した2年後に、当時の市長が図書館のカウンター業務を友の会に委託する方針を出したのです。友の会はこれに対して、これらの業務は図書館の大切な機能だからボランティアで行なうべきでないと拒否しました。すると今度はNPO法人をつくって指定管理者とし、友の会が関わらぬ形で図書館を運営しようとしたんです」と岡田さん。その後の選挙で市長が替わり、以前同様の直営で運営する方針に戻った。このときの経験が、友の会の結束をより強めたと云えるだろう。

眼鏡・漆器・ITほか地元産業や郷土資料が充実

同館の蔵書数は約36万冊。そのうち22万冊を開架している。1階は免震書架を採用している。

棚の本を眺めていると、ジャンルごとに硬軟取り混ぜた構成になっている。私事で恐縮だが、私の著書は市立図書館クラスだと読書や出版の棚に1冊見つかればいいほうだが、ここでは5冊も所蔵していた。近くの書店が週に2回、見計らい（注文を待つのではなく現物を売り込むこと。現物選書）で新刊を持ち込むそうだ。

正面入り口のロビーには、職員のお気に入りの1冊と関連の本を紹介する「わたしのお気に入りコーナー」、市の健康課とコラボしてパネル展示と本を紹介する「健康コーナー」もある。

郷土資料が約2万冊と充実していることも、この館の特徴のひとつだろう。公刊された本や雑誌のほか、私家版のパンフレットや戦前の本も目につく。住民からの寄贈がかなり多いそうだ。人形浄瑠璃の作者・近松門左衛門は少年時代を鯖江で過ごしたと云われる。そのため、近松の著作や伝記、研究書、人形浄瑠璃に関する本を収集している。

「鯖江関係新聞切り抜き」の棚には、工業、社会科学、産業、自然科学、芸術、文学などのジャンルごとに新聞から切り抜いた、2000年以降の鯖江関係の記事のスクラップブックがずらりと並んでいる。手に取ってめくっていくのもいいし、OPAC（オンライン蔵書目録）で記事のキーワードや見出しを検索して見つけることもできる。地味だが、とても重要な取り組みだ。

鯖江市は国内産の眼鏡フレームの約9割を生産する「めがねのまち」であり、また、越前漆器でも有名だ。同館では地元に根差した産業を応援するために、ビジネス支援コーナーに関連の資料を集めている。眼鏡についての情報をまとめたパスファインダー（調べ方の手引き）も作成している。

「レファレンスでも、眼鏡についてよく聞かれます。企業がお子さんの眼鏡をつくるために、子どもの成長期ごとの頭の大きさの統計がないかと聞かれたこともあります」と、案内してくれた同館主事の田村枝穂さんは云う。

また、眼鏡や漆器に関連して、デザインに関する本や美術書も積極的に集めている。大型の美術書がよく揃っている点では、県内随一だと早苗さんも胸を張る。

鯖江市が「ITのまち」を標榜していることもあり、2016年から館内の本が探せるアプリ「さばとマップ」がスタート。女子高生がまちづくりを考える「鯖江市役所JK課」のアイデアから生まれた「sabota」も実証実験中だ。また、近県の図書館も一緒に検索できるサービス「さばサーチ」もある。職員が交代で書いているブログ「さばとごはん」は、図書館を身近に感じさせる記事が載っている。なんだか、やたらとさば尽くしだ。

子どもの年齢層ごとに行なうきめこまやかなサービス

同館では、子どもに向けたサービスに力を入れており、2階は児童書のフロア。背の低い棚を使い、天井を高く感じさせる。明るく開放的なスペースで、親子ともに居心地がいい。

壁の向こうには、「読書室」と呼ばれるスペースがある。照明はちょっと薄暗く、隠れ家のような雰囲気がある。「子どもたちにとても人気なんです」と田村さんは笑う。

その近くには折り紙工作のコーナーがあり、職員がつくった折り紙を展示している。それを見た子どもたちが自分でもつくろうと、折り紙の本を借りていくそうだ。同館では毎月1回、「折り紙を楽しむ会」を開催。子どもから大人までが参加できる。

幼稚園や保育園の園児を招いて、絵本の読み聞かせや紙芝居などを行なう「本との素敵な出会い」、1〜3歳児とその保護者を対象としての読み聞かせ「絵本とよちよち1・2・3」、司書が小中学校に出向き本を紹介する「ブックトーク」など、年齢層ごとにきめこまかに本の魅力を伝えようとしている。

また、2006年からは「ちかもん文庫」を開始。これは鯖江市学校図書館研究部会が作成した「子どもたちに読んでほしい本」リストをもとに選書した本を、朝読書用にコンテナごと貸し出すというもの。名前の由来はもちろん近松門左衛門だ。このほかに、調べ学習用の本も貸し出している。これらの本は、2011年に館内に設置された学校図書支援センターで管理している。

では、利用状況はどうか。来館者は微減だが、貸し出し冊数は09年をピークにかなり減ってきている。

「原因ははっきり判らないのですが、若い世代の来館率が減っているように思います。そこで、17年からは学校のテスト期間に合わせて、2階の会議室を2部屋、学習室として開放しています。これが定着することで、図書館に若い世代が戻ってくることを期待しています」と早苗さんは云う。

学生が提案して実現したエキナカのコミュニティスペース

さらに、15年1月には鯖江駅に〈えきライブラリーｔｅｔｏｔｅ（テトテ）〉がオープンしている。

全国から応募できる２０１３年の鯖江市地域活性化プランコンテストで、学生が提案した「鯖江駅2階の空きスペースを有効活用し、図書館の分館としてはどうか」というプランが優秀賞を受賞。その実現に向けて、市とＮＰＯ法人が一緒に事業を行なうというユニークな試みから生まれたものだ。

室内には図書館の蔵書約９００冊が棚に並び、カフェでお茶を飲みながら本を読むことができる。テーマ展示のコーナーは、３カ月に一度入れ替えられる。取材時には「君に届け」というテーマで、小説やエッセイが選書されていた。

カフェの運営はＮＰＯ法人「小さな種・こころ」が担当し、本の貸し出し、返却もそのスタッフが行なう。バーコードから読み取ったデータはハンディ端末に保存される。また、図書館の公式サイトから予約した本をここで受け取ることもできるし、返却ボックスに返すこともできる。不定期で、別のＮＰＯが企画したライブイベントも開催する。

17年度の貸し出し冊数は786冊、返却は1492冊とまだ少ないが、今後、この場所が知られるようになるにつれて、文化の館までの交通手段がない高年齢層に利用されることや、市の玄関口である駅の活性化につながることが期待される。

160回を超えたイベント「さばえライブラリーカフェ」

最後に、友の会と図書館が協働して企画する「さばえライブラリーカフェ」を紹介しよう。

ライブラリーカフェは、1階の喫茶室で月1回、夜に講師を招いて話を聞く会だ。予約不要で、参加費500円にコーヒーとスイーツが含まれる。

「専門家による判りやすいお話をコーヒーを飲みながら気軽に聞ける機会として好評です。テーマや天候によって変わりますが、30~80名が集まります。50~70代が中心で、半分ぐらいがこのイベントの常連です」と、友の会の岡田さんは云う。

2018年12月までに164回を開催。これまでのテーマを拾ってみると、「木地師の技と語り」「鯖江の町家」「格差社会をどう考えるか」「越前焼の生産と流通」「福井大空襲を語り継ぐ」「発達障害の理解とケア」「ニホンザルの生態と行動」など、じつに多種多様だ。講師はあらゆるジャンルから、つてを頼って依頼する。

開催半年前には企画会議を行ない、1カ月前からチラシの配布、図書館内にテーマに関する本を展示。当日は講師のレジュメや「カフェ通信」を配布し、話の内容を記録し、『友の会だより』に掲載する。50回、100回、150回の節目には『記念誌』も発行している。ここまで熱心にやってくれたら、講師もうれしいだろう。

鯖江市の人口は6万9469人（19年1月1日現在）。人口増加率も人口密度も県内1位である。交通の便が良く、住みやすい町だという。

「鯖江では昔から自治体に頼らず、音楽や美術などのイベントを自分たちでやる人たちが多いんです。コンサートの集客数も多く、ほかの町からうらやましがられています。文化的な土壌がある町なんです」と岡田さん。それだけ、知的好奇心が高い市民が多いと云えるだろう。

「ライブラリーカフェに来たことがきっかけで、図書館に通うようになった人もいます。そのテーマに関する本を並べることができるのも、図書館が会場である利点だと思います」と、早苗さんも云う。

また、ホールでは年に数回、「ライブラリーカフェコンサート」と「ライブラリーコンサート」を行なう。前者はコーヒーとスイーツ付きだ。

同館では、図書館と友の会が協力し合うことによって、市民のための図書館が維持できているのだ。

（2019年2月・第42号特集）

〔追記〕「さばえライブラリーカフェ」は2024年9月に第205回を開催した。

衣笠駅徒歩1分図書館（神奈川県横須賀市）

――まちのなかに子どもの居場所をつくる

JR横須賀線・衣笠駅を出てすぐの路地の奥。古いアパートの2階にあるのが、〈衣笠駅徒歩1分図書館〉（略称キヌイチ）だ。「以前は社員寮として使われていたそうです。地元の人にもこんなところがあったんだとびっくりされます」と館長の北川幸子さんは笑う。

ここは2019年12月に開館した私設図書館。12畳ほどの部屋に児童書、小説、エッセイ、専門書、漫画など約5000冊の本が並ぶ。開館日は不定期でフェイスブックやインスタグラムで告知する。来館者は何時間いてもいいいし、何冊でも借りることができる。

北川さんは神奈川県生まれ。非営利団体の広報などをサポートする会社を経営するとともに、虐待などで苦しむ子どものケアに関心を持つ。そこで、一般の人たちが日常的に問題を共有し、地域の子どもたちの居場所となる施設として、キヌイチを開いた。

「私自身は本がすごく好きというわけではありません。でも、さまざまな人が安心して集まれる場所を考えたら、この形でした。北欧を旅行した際に図書館を見学したことで、イメージが固まりました」

ＤＩＹで本棚をつくり、看板を出すと、口コミで本が集まってきた。開館後、次第に利用者が増えていった。午前中は子ども連れのお母さん、午後は小学生・中学生、夕方からは高校生が多いという。

「年の違う子が何人も一緒にいる時間帯がありますね。友達とおしゃべりする子もいれば、廊下でずっと本を読んでいる子もいます」

常連になると、北川さんが不在の際に見守る役を引き受ける。

「本との偶然の出会いを体験してほしいので、棚の本はわざと分野をバラバラに置いています。どんな本に関心があるかを他の人に知られないためもあります」

同じ階の別室は、ワークショップやイベントに使われている。子どもたちの学習サポート、体や心の相談室、絵本の読み聞かせ、クリスマスのリースづくりなど、使われ方はさまざま。いずれも利用者が自発的に企画したものだ。

「何かをしたいと考えている地域の人たちが、ここなら関われるかもと思ってくださるようです。他の施設でなく、図書館だから可能なのではと思います」

北川さんの「生活圏内で子どもたちが立ち寄れる場所を増やしたい」という思いに賛同した人が、2020年に〈たまプラーザ駅徒歩2分図書館〉を開設。その後も東京の南阿佐ケ谷駅などで〈徒歩○分図書館〉が開館。北川さん自身も田浦、津久井浜、鎌倉に図書館を開くべく準備中で、キヌイチを含め11〜13館になる予定だ。

いわゆるサードプレイスとしての「本のある場所」が、生活のなかに溶け込んでいる。とても素敵なことだと思う。

（2022年8月・第84号特集）

第三章　ローカルメディア　小さくても届く言葉

ミニコミ、自費出版、私家版、リトルプレス、郷土誌、フリーペーパー、ZINE……。さまざまな呼び方があるが、基本的に書店流通に乗らない、少部数の自主出版物という点では同じだ。それらのうち、地域に関連するものを「ローカルメディア」としてとらえ、毎月の連載で紹介した。

周防大島でみかん農家と出版社「みずのわ出版」を兼業する柳原一徳さんが綴った『本とみかんと子育てと』は、3年間の島の生活誌として読める。『島根のOL』は、札幌の発行者、東京の写真家、島根の被写体、鳥取のデザイナーという地域を超えたコラボレーションから生まれた写真集だ。

また、新型コロナウイルス禍で生まれた『まどをあける』は、各地に住む10人のエッセイを「手紙のように」届けるZINE。

いまローカルメディアをつくる人たちは、地域の人たちだけでなく、外への回路を必ず持っている。それが意外な広がりを生むし、なんだか頼もしい。

紹介したローカルメディアに共通するのは、「いま、このことを伝えたい」という意志だ。部数は少なくても、手にした人にはその言葉はたしかに届く。

いまの商業出版は、これに対抗するだけの強さを持っているだろうか？

『石巻日日こども新聞』のこども記者たち（p250）
写真提供：一般社団法人こどもみらい研究所

『あめつちのことづて』（熊本県水俣市）

――集落の風景と水俣病の影を記録する

2019年の秋、熊本県水俣市で『あめつちのことづて』という写真集が自費出版された。著者は豊田有希《とよだゆうき》さん。1987年、熊本市生まれの若手写真家だ。

豊田さんは、熊本県南部の山間部にある黒岩という小さな集落に3年以上通い、そこで生活する人たちの表情や日々の行事を撮影した。モノクロの画面からは、かつての日本では普通であり、いまでは失われてしまった田舎の姿が伝わってくる。

豊田さんが黒岩のことを知ったのは、2012年。民間医師団の検診によって、この村に住む約半数の人に水俣病の症状が見られたという新聞記事だった。

「水俣病の被害が不知火海《しらぬいかい》から離れた山間部にもあったということに驚き、バイクに乗って訪れました。でも、そこで見たのは普通の人たちの暮らしでした。そこで自分に何が撮れるだろうと悩み、水俣病のことを学ぶうちに水俣に移住することになりました」と豊田さんは云う。

都市部で育った豊田さんからすると、山とともに生き、神仏の行事が身近にある黒岩の暮らしは新鮮なものだった。通ううちに村の人たちとの距離も縮まり、「いつでも帰ってきていい」と云ってもらうほどになったそうだ。

7月には水俣市に隣り合う津奈木町の〈つなぎ美術館〉で、写真展「あめつちのことづて」を開催。

「黒岩では、暮らしの中に水俣病という現実があります。天と地の間で育まれていく日常は、便利を追い発展ばかりを求める私たちに言葉にならない言葉で何かを伝えているのではないかと思っています。この写真を見る人がそれぞれに考える入り口になればと思って、このタイトルにしました」

つなぎ美術館は2001年開館。水俣病からの地域再生をめざし、「緑と彫刻のあるまちづくり」に取り組む過程で生まれ、地域との関わりを重視したアートプロジェクトを運営している。

同館のただ一人の学芸員である楠本智郎さんは、「豊田さんの展示は、熊本ゆかりの若手作家を紹介する『U－39　KUMAMOTO』というプログラムの中で行ないました。日常の風景を丹念に描くとともに、水俣病の歴史をすくい取ろうとしています。昔の生活が残っている写真を見て、地元の人たちは『懐かしかねえ』とおっしゃっていました。会期中に開催したトークイベントも盛況でした」と話す。

今回はじめて私が訪れた水俣は、きれいな海と気持ちのいい人たちに出会える町だった。しかし、目には見えなくても、水俣病がこの地域にもたらしたものは確実に残っている。画面に映らなくても、豊田さんの写真はその空気を伝えているように感じられた。

（2020年1月・第53号コアコア新聞）

『SとN』（佐賀県・長崎県）

――九州の隣接する二県が地域の魅力を深掘り

2017年3月、『SとN』というフリーペーパーが創刊された。九州の佐賀県と長崎県が共同で発行する。自治体が発行するフリーペーパーは多いが、二つの県が一緒に出した例はこれがはじめてだ。手にしてまず驚いたのは、オールカラーで140ページという厚さ。写真も多いが、文章もたっぷり入っている。創刊号の特集は「トコトコ列車で会いにいく。」。両県をつないで走る松浦鉄道の沿線で出会った人や店、風景を紹介している。

「佐賀と長崎は同じ肥前に属し、昔から盛んに行き来されてきました。2022年の九州新幹線西九州ルート開業が決まったことから、佐賀・長崎観光振興推進協議会を設立し、両県をつなぐ情報誌として『SとN』を創刊しました」と、佐賀県観光課の中村篤史さん。創刊号の編集後記には、「県境を意識せず、観光中心地だけに特化することもなく、広い視点で街と人々の暮らしを掘り下げていきたい」とある。

「誌名は、佐賀と長崎の頭文字であり、磁石のS極とN極のようにお互いに引き付けあうという意味があります。もうひとつ、佐賀では日本酒（N）が、長崎では焼酎（S）がよく飲まれます。ここではSとNが逆転するのは面白いです（笑）」と、長崎県観光連盟の上杉太輝さん。

アートディレクターは、数々の雑誌・書籍を手掛けてきた有山達也さん。北九州市発行のフリーペーパー『雲のうえ』のアートディレクターでもある。ライターや写真家もキャリアのある人ばかりだ。

「外からの視点によって、地元の人も気づいていない両県のいいところを見つけられるのだと思います」と話すのは、チームを統括する編集者の末崎光裕さん。観光名所よりもその地域で普通に暮らしている人に会って話を聞く。ときには予定とは違う場所に行くこともある。楽しんで取材している様子が誌面から伝わってくる。第2号では有明海、第3号で街道を特集。3月に出た第5号では岬をめぐった。「新型コロナウイルスの影響で、取材しにくい面もありましたが、その分、ゆったりと広い景色を読者にお届けできたと思います」と末崎さん。発行部数は1万4000部。関西圏4割、九州3割、首都圏2割の割合で、書店、雑貨店、カフェなどで配布している。

「ガイドブックにはない魅力がある」「登場している人と話している気分になる」など読者の反応はいい。両県の出身者からも「懐かしい」という声が届く。両県とも、これまで観光地とされてこなかったエリアに人を呼び込むことを期待している。第6号は来年（2022年）3月に発行予定。また、長崎県では3月に冊子『壱岐　対馬』も発行。「風を呼ぶ島」をキーワードに、歴史的にも共通点が多い二つの島の文化、自然、人を紹介している。1万部発行し、各地で配布する。従来型の観光戦略とは異なる地域の魅力を発見しようとする、二つの情報誌の試みを応援したい。

（2021年7月・第71号コアコア新聞）

〔追記〕『SとN』は2024年3月に第7号を発行した。

山福印刷（福岡県北九州市）

——小さな印刷所のおやじが遺した地元の印刷物

１９６３年、５つの市の合併によって生まれた北九州市。区ごとにそれぞれ雰囲気が異なるが、なかでも若松区は独特だ。筑豊の炭鉱で掘り出された石炭を積みだす港湾都市として発達し、よそ者を受け入れる懐の広さと開明的なモダニズムが同居していた。

今年（２０１８年）の春、港に面した旧古河鉱業若松ビル（１９１９年完成）で、「山福康政の仕事展」を見た。山福康政は１９２８年（昭和3）に広島で生まれ、２歳で若松に移住。20代でガリ版（謄写版）印刷の仕事をはじめた。〈山福印刷〉など複数の社名があったが、夫婦を中心に営む自宅兼の小さな印刷所だった。

会場には山福が手がけた地元の店の広告ハガキ、マッチラベル、イベントのポスター、同人誌の表紙などが展示されている。ガリ版とシルクスクリーンを併用し、凝った絵柄のものが多い。受注した仕事だが、本人には作品だという意識が強かったのではないか。

「依頼者から漠然としたイメージを聞いて、それに合う画風で描いていましたが、すべてお任せで頼まれたときのほうが、絵もデザインも優れていると思います」と、この展示を企画した、山福の長女で木版画家の山福朱実さんは云う。

俳句誌『天籟通信《てんらい》』で表紙・カットを担当したことから、自身も句作にのめり込むというように、印刷の仕事がさまざまな人との出会いを生んだ。73年からは地元の芥川賞作家・火野葦平の記念館を若松につくる運動に関わり、つくる会メンバーが執筆した『若松庶民烈伝』を刊行。以降、裏山書房として出版活動も行なう。記録作家・上野英信の著作も刊行した。

48歳のとき脳血栓で倒れ、リハビリを兼ねて、絵と描き文字による絵草紙を描きはじめ、『付録』としてまとめた（天籟俳句会。のち草風館より再刊）。その後も新聞や雑誌に連載し、一部は『風の道づれ』（海島社）に収録された。当時の町の雰囲気やそこに住む人の貴重な記録である。

「すこしおくれて生きることが性にあっている」山福は、「もうからんこと大好き」と笑って、好きなことをやり続けた。それを苦労して支えたのが、妻の緑さんだった。そして、山福の死後は長男の康生さんが山福印刷を継ぎ、絵の仕事は朱実さんが受け継いでいる。

朱実さんが35年ぶりで故郷の若松に戻って暮らしはじめたことが、展示のきっかけだった。今年が山福の生誕90年、没後20年にあたることは、人から云われて気づいたという暢気さが、いかにもこの一家らしい。

展示からしばらく経って刊行された『山福康政の仕事』には、多くの図版が掲載されるとともに、山福と親交のあった人たちが寄稿していて、読みごたえがある。

この展示は来年、東京でも開催される予定だという（２０１９年10月～11月、東中野〈Ｓｐａｃｅ＆Ｃａｆｅポレポレ坐〉）。

（２０１８年11月・第39号コアコア新聞）

和田邦坊《くにぼう》リサーチプロジェクト（香川県善通寺市）

――香川の物産をデザインした和田邦坊を追う

高松空港から琴平に向かうバスの中から、黄色の字に黒で力強く「灸まん」と書かれた電柱広告が目に入った。シンプルだが目立つ。

「あのデザインをしたのが、和田邦坊です」。善通寺市にある灸まん美術館で出迎えてくれた学芸員の西谷美紀さんは云う。

和田邦坊（1899〜1992）は、香川県仲多度郡琴平町に生まれ、上京してから新聞漫画家として活躍した。1938年（昭和13）に郷里に帰り、戦後に高松の栗林《りつりん》公園内にある讃岐民芸館の初代館長となった。画家として活動する一方、香川県内の土産物のパッケージやロゴのデザインを多く手掛けた。

灸まんは金刀比羅神宮の参道に本店があり、お灸のかたちの饅頭で知られる。これは創業者が和田邦坊に相談してつくったものだという。その縁から灸まん美術館では、邦坊の遺族から寄贈された絵画やデザインを収蔵している。訪れた際に開催されていた邦坊のデザイン展には、邦坊の遺品であるパッケージデザインの原画などが貼り込まれた台帳が展示されており、スクラップブック好きの私はそこに目が釘付けになった。

この企画展を担当した西谷さんは高松市生まれ。大学卒業後に勤務した讃岐民芸館で、和田邦坊の作品を見つけ、調べるようになる。2016年には「和田邦坊リサーチプロジェクト」を設立し、これまで全貌が明らかになっていなかった邦坊の仕事を調査し、展示や講演会を企画してきた。

17年、『和田邦坊デザイン探訪記　和田邦坊の基礎的研究1』という冊子を発行。そして今年（2019年）2月には続編として『和田邦坊デザイン探訪記　東京・香川編』を発行した。邦坊の履歴や、商品や店のデザインを手掛けた経緯を知ることができるし、図版も多い。なによりこの冊子自体のデザインがよく、本としての魅力がある。

この二冊を出す間に、邦坊研究が評価され、西谷さんは灸まん美術館の学芸員になった。邦坊の資料が一番集まっている機関で働けるとは、研究者の本懐だろう。

8月18日の夜に高松市の〈本屋ルヌガンガ〉（72ページ参照）で、西谷さんと私で行なったトークイベント「邦坊さんの時代を歩く」は、西谷さんの邦坊愛がはじけ、とても楽しいものになった。最後は、邦坊の小説が原作の映画『ウチの女房にゃ髭がある』の主題歌を、なぜか私も一緒に歌わされた。

香川の風土を愛した和田邦坊の仕事を、楽しみながら追いかける西谷さんを見ていると、地域文化はこのように継承されていくのだと嬉しくなった。

（2019年10月・第50号コアコア新聞）

男木島《おぎじま》図書館（香川県高松市）

——小さな島の「本のある場所」で生まれた冊子

高松港からフェリーで40分乗ると、男木島が見えてくる。港の後ろにはすぐに山が迫っている。その上にあるのが豊玉姫神社で、海岸近くにある加茂神社と並び「夫婦の神社」と呼ばれている。拝殿に続く急な階段に息を切らしていると、「2年に一度の夏祭りでは、人が乗った屋台を担いでここを上るんです」と案内してくれた〈男木島図書館〉の額賀順子さんが云う。神社からは島全体の様子が見渡せる。

男木島の人口は約160人。うち40人がUターン・Iターンなどの移住者という。額賀さんもその一人だ。大阪の大学で、男木島生まれの福井大和さんと出会って結婚。2014年に娘と三人で男木島に移住した。島では子どもの数が減ったため小・中学校は休校していたが、福井夫妻が中心となった署名運動により再開した。

「再開校当時、Uターン3世帯の子どもたちが通い始めましたが、彼らが卒業してまた休校という事態にしたくなかった。それで移住したいという人を支援する場所がつくれないかと思ったんです」

島のコミュニティセンターに小さな図書室があるが、住民に利用されていなかった。そこで、本好きの順子さんが所蔵していた2000冊をもとに図書館を開くことに決めた。廃屋になっていた一軒家の権利を取得し、1年間かけて改修した。NPO法人を設立し、SNSで工事を手伝うボランティアを募集。クラウドファンディングで蔵書の購入と本棚をつくる資金を得た。

開館したのは２０１６年２月だった。

　現在の蔵書数は約５０００冊。小説、エッセイなどの読み物が中心だが、瀬戸内海に関する本も集めている。男木島出身の作家である西村望・西村寿行兄弟の作品も並んでいた。カフェを併設し、図書館の前には「老人と海」と名付けた広場もある。「島を訪れた人が休憩したり、地元のお年寄りが立ち寄る場所になっています」と順子さん。写真の展示、トークやライブなどのイベントも行なう。

　開館時には、『男木本』も創刊。島についての資料が少ないことから、島の人たちの生活を記録しようと考えた。創刊号の特集は「僕たちは男木島で暮らすことを選んだ」。20代で島に移住し、漁師として働いている2人の男性にインタビューしている。

　先輩漁師から彼らへの「やってみてダメやったときでも、笑って切り替えられるぐらいの余裕はないと。そんな気持ちで、自分で漁を開発していけぃ！」という厳しくも温かい言葉がいい。
「間が空いてしまいましたが、２０１９年春には第2号を発行予定で、いま島のお年寄りにお話を聞いて回っています。また、男木島の歴史を書いた本を復刻したいとも考えています」
　本がある場所で人が結びつき、そこから新たな本が生まれる。とても自然な流れだと感じた。
（２０１９年1月・第41号コアコア新聞）

みずのわ出版（山口県周防大島町）

――みかん農家兼編集者が綴る周防大島の生活誌

みずのわ出版は1997年に神戸で創業。社主の柳原一徳さんがひとりですべてを行なう。阪神・淡路大震災に関する本や民俗学、文学関係の本を出版してきた。2011年の東日本大震災を機に、母方の実家のある山口県周防大島に移住。結婚し、子どもも生まれた。13年からはみかん農家となった。

「小学3年生から島に帰省するたびに、みかんの収穫を手伝っていました。畑で土を触ることが好きだったんです。農家になったのは、伯父が残した土地をダメにできないという気持ちと、子どもに小さいうちから親がモノづくりをしている様子を見せておきたいと思ったからです」と柳原さんは動機を語る。

周防大島のみかんの収穫量は年々減り、後継者不足も続いている。そのなかで柳原さんは「手をかけただけ、少しずつ良くなっていくと信じて」毎日みかんづくりに励んできた。

今年（2021年）1月には、2017年9月から20年5月まで柳原さんが記した日誌をまとめた『本とみかんと子育てと　農家兼業編集者の周防大島フィールドノート』を自社から刊行。670ページという分厚い本には、農作業の過程や家族のこと、地域のことが細かく記録されている。「いまの大島の生活誌として刊行しました。降水量、平均気温などを併記して、データと私の実感を照らし合わせました。私の子どもが大きくなったら、何かしらの役に立つかもしれないと思って」。

年中行事の担い手がいなくなっている様子や、

地域の人間関係の難しさなども描かれる。

「昨年（2020年）は新型コロナウイルスのせいで、行事はすべて中止になりました。それまでもゆっくり縮小してきましたが、一気に廃止の方向に傾くでしょう。なくなったら寂しいと思いながら、一方で維持から解放されてホッとする人もいるのが現実です」

18年8月に起きて全国的なニュースになった子どもの行方不明、10月に発生した長期の断水などの大事件も記される。

「橋でつながっているとはいえ、島がいかに本土に依存しているかが非常時に明らかになります」

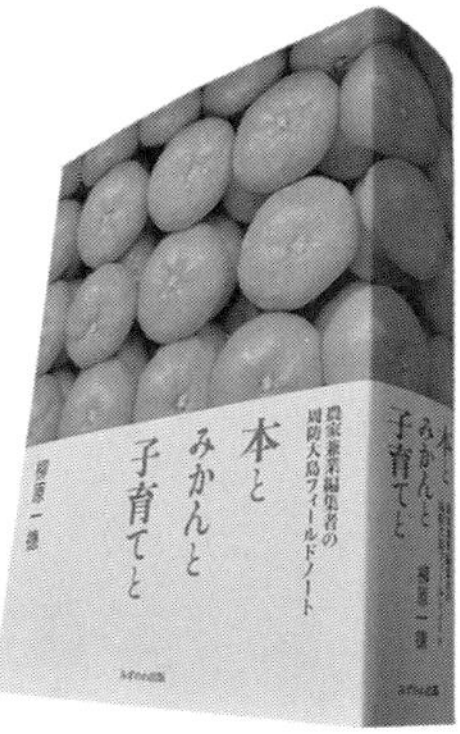

農作業の合間を縫って、本の編集作業も進める。現在は年に2、3点を刊行する。

「一度は出版を止める決意をしましたが、大島にいいみかんをつくれる人は多いけど、いい本をつくれるのはワシぐらいだと続けることにしました（笑）」

みずのわ出版は、周防大島出身の民俗学者・宮本常一に関する本を多く刊行してきた。3月末からは『宮本常一ふるさと選書』第一期・全5巻（予定）の刊行を開始する。宮本の重要な文章を、小学校高学年にも判りやすく編集するものだ。ここでも、次の世代に伝えるという意識が働いている。本書に「経験知」（非識字の文化）と「書物知」という言葉が出てくるが、宮本常一とはまた別のしかたで、柳原さんもこの二つを融合させるべく日々奮闘している。

（2021年3月・第67号コアコア新聞）

〔追記〕『宮本常一ふるさと選書』は2024年8月現在、第2集まで刊行。

『雑居雑感』（広島県尾道市）

——街で暮らす人のかすかな声を記録する雑誌

JR尾道駅から続く商店街の先、細い路地の一角に、夜になると灯の点る古本屋がある。〈古本屋 弐《に》拾《じゅう》dB《デシベル》〉という名のその店は、平日は夜11時から朝3時、土日は朝11時から夜7時までという変わった営業形態を採っている（92ページ参照）。元は病院という建物で、古本をはじめ、リトルプレスやCDなど幅広く扱う。2年前、私も店内でトークイベントをした。

店主の藤井甚二さんは2016年、23歳の若さでこの店を開いた。「20デシベルはかすかに聞こえるレベルの音。本のかすかな声に耳を傾けたいと思って」この店名にした。

今年（2020年）7月、この店から『雑居雑感』という雑誌が創刊された。最初のページには「街の歴史の隅で生きた、生きる人々の声に耳をかたむけ、記し残すため」に創刊したとある。創刊号の特集は「マーケット」。マーケットとはバラック建築の商店街で、商売と住居を兼ねていた。尾道には終戦直後、「国際マーケット」と「荷揚場マーケット」の2つがあった。前者は1965年、後者は98年に撤去された。

地元紙の記者である田中謙太郎さんは、いまでは消えてしまったマーケットの歴史に関心を持ち、昨年『尾道のマーケット』という冊子を発行した。「当時の新聞記事や市議会の議事録を調べたり、マーケットで商売をしていた人に話を聞いたりして書きました」と田中さんは云う。田中さんは弐拾dBの常連で、藤井さんと同世代でもある。二人は「街の歴史についてのメディアをつくろう」と話し合った。

「尾道には古い建物は残っていますが、観光化されています。昨年（２０１９年）、尾道駅もリニューアルしました。そんな中で、古本屋がこういう雑誌を出版し、かつてマーケットのような場所があったことを伝えることで、いまの街を考えるきっかけになればいいと思います」と藤井さん。

いくつかの候補の中で『雑居雑感』という誌名にしたのは、田中さんの本業である新聞では「雑感」という言葉をよく使うため。それとさまざまな要素が混在する「雑居」を合わせた。

「玄関ではなく勝手口というイメージですかね。表紙もあえてゴチャゴチャした絵を描いてもらいました」（藤井さん）

発行部数は３００部。店頭・通販のほか、県内外の10店ほどで委託販売している。地元では若い人の反応が特によく、在庫が少なくなったそうだ。

「市外の読者も、自分の身の回りで起こりうる話として読んでくれたようです。次号の特集は『銭湯』の予定ですが、そこでは尾道以外の地域も取り上げたいです。尾道を意識しすぎるとつまらない。やっているうちに、結果的に地元のことにつながってくると思いますし」と、藤井さんは今後の抱負を語った。

20代がつくる街の歴史の雑誌。とても頼もしく、これからが楽しみだ。

（２０２０年10月・第62号コアコア新聞）

〔追記〕『雑居雑感』は２０２４年８月現在、第３号まで発行。第２号の特集は銭湯ではなく「製パン所と鉱泉所」となった。

BOOK在月《ありづき》（島根県松江市）

——松江に本好きが集まるイベントから生まれた冊子

２０１９年10月19日、島根県松江市で第７回「ＢＯＯＫ在月」が開催された。私は同県出身という縁もあり、初回から出店し、トークイベントのホストを務めている。10月は他の県では「神無月」だが、出雲大社に神々が集まる島根県では「神在月」と呼ばれる。それと同じように、本好きが集まるイベントにしたいという願いを込めて、このイベント名となった。正直、最初はちょっとダサいと思っていたが、いまでは愛着が生まれている。

メインは一箱古本市で、毎回30箱ほどが出店。県内全域に加え、鳥取、岡山、広島からも参加。東京や関西から出店する人もいる。昨年（２０１８年）までは松江城の近くにあるカラコロ広場が会場だったが、今回は市民活動センターで開催された。同じ会場で、香川短期大学教授の中俣保志《ほし》さん、ＢＯＯＫ在月代表の森田一平さんと私で「街と本を考える」というトークイベントを行なった。

このイベントに合わせて、『ＢＯＯＫ在月ｂｏｏｋ』という冊子を発行している。今年で７号目だ。前年のイベントのレポート、エッセイやインタビューなど本に関するさまざまな記事を掲載する。

「読書の文化を育てたいという思いと、地域の本好きがつながるきっかけをつくりたいと思って創刊しました。最大の目的はイベント運営の資金を稼ぐことですが、なかなか利益は出ませんね」と森田さんは云う。前号で値上げしたところ売れ行きが悪かったので、元の５００円に値下げしたが、原稿が集まりすぎてこれまで一番厚くなってしまった。読者にはありがたいが、商売下手なのだ。

今回の特集は「松江で古本屋をするということは」。現在、中心部にある古本屋は〈冬營《とうえい》舎《しゃ》〉1軒のみ。店主のイノハラカズエさんによる「古本屋差し入れ日記」は、商売っ気のない店に常連が持ってきてくれる食べ物を記した異色の日記。お客さんとの会話に、のんびりとした空気が漂う（2022年に『松江日乗　古本屋差し入れ日記』ハーベスト出版　として刊行）。また、私が地元紙「山陰中央新報」に連載した「山陰リトルプレス紀行」も全回を収録している。

ＢＯＯＫ在月運営の母体となっていた私設図書館〈曽田篤一郎文庫ギャラリー〉は、今年3月で惜しまれながら休館した。しかし、その志を引き継ぐ人により、〈にっこり文庫〉が開館。ＢＯＯＫ在月の開催当日がオープンだったので、私も訪れた。約5000冊が並び、本好きの集まる空間として期待が集まる。

「イベントも冊子も10回目までは続けていきたいです。本に関わる人たちのインタビューや面白い企画をやっていきたいです」と森田さんは語る。

ブックイベントから本が生まれる例は多いが、同誌が最もコンスタントに続いている。地元以外にも、もっと広く読まれていいと思う。置いてみたいという本屋さん、ぜひ連絡ください。

（2019年12月・第52号コアコア新聞）

〔追記〕「ＢＯＯＫ在月」はこの年を最後に休止中。

『みんなでつくる中国山地』

——中国山地の「過疎」のイメージを覆せ！

（島根県邑南《おおなん》町ほか）

昨年（2020年）10月、『みんなでつくる中国山地』創刊号が発行された。

同誌の舞台は、中国地方の中心部を占める山間部。全国で最も早く過疎が始まったと云われ、半世紀にわたって高齢化と人口減が止まらなかった。しかし21世紀に入り、自然と共存する循環型経済が見直されるとともに、若い世代の移住が増えている地域もある。

地元や地域資本についての論考、中国山地で活動する若い世代の座談会、各地の動きを地元のジャーナリストが伝えるコーナーなどで構成。

巻頭のルポ「中国山地1000キロの旅」は、山口、広島、岡山、鳥取、島根を4日間で回り、それぞれの地域で新しい試みをしている人たちに出会う。

この記事を書いた森田一平さんは、島根県邑南町生まれ。この地域を走るJR三江《さんこう》線が2018年の廃線が決まったことから、勤めていた新聞社を退職して地元に戻った。

「古くからある技術や知恵を見直すことで、田舎の価値が高まるような働きかけをしてみたい」と考え、邑南町の任期付き職員として地域づくりに取り組んでいる。

そして、「持続可能な地域社会総合研究所」所長の藤山浩さんら島根県に関わる5人で、2019年に中国山地編集舎を設立。事務局を邑南町に置く。そして同年秋、『みんなでつくる中国山地』狼煙《のろし》号（0号）を発行した。同誌を年刊で100年発行し、中国山地の人たちの暮らしを記録するとともに、これからの社会を

構想するという。

発行部数は２０００部。狼煙号発行後の２０２０年１月には、創刊記念シンポジウムを開催。邑南町に１００人が集まった。そこでは、これまでヒト・モノ・カネが「県境」で分断されてきた現実を見直し、中国山地をつなぐ方法を話し合った。

「ある参加者が、『山の向こうには仲間がいるんだ』と話したのが印象的でした」と森田さん。

創刊号は、新型コロナウイルスの感染が拡大するなかで取材・制作された。完成後はオンラインでイベントを行なった。島根県以外の賛同者も増え、プロジェクトを運営する「百年会議」には、現在17人の理事と１９０人の会員がいる。

私は島根県の東側にある出雲地方の出身で、西側の石見地方のことはほとんど知らなかった。しかし、三江線の廃線をきっかけに石見の邑南町を訪れ、素晴らしい風景とそこで出会う面白い人たちに魅力を感じた。

森田さんは２０１２年に松江市ではじまった一箱古本市「ＢＯＯＫ在月」のメンバーであり、最近、邑南町で小さな古本屋を開いた。『中国山地』の出版も含めて、この地域から「本」を介したコミュニティが生まれようとしている。地元出身の本好きとして、この動きを応援したい。次号は、２０２１年７月に発行される予定だ。

（２０２１年１月・第65号コアコア新聞）

〔追記〕『みんなでつくる中国山地』は２０２４年８月現在、第４号まで発行。

ワタリドリ計画（岡山県倉敷市ほか）

——旅先からの手紙のような通信

2020年3月15日、岡山県倉敷市の大原美術館で、その日最終日の「ワタリドリ計画 絵から旅する大原⇅岡山」という展示を観た。

同館が所蔵する名画13点を地元の人に見せて、その絵からイメージする旅先を教えてもらい、実際に訪れた印象をもとに作品を制作するというプロジェクトだ。たとえば、前田寛治の「赤い風景」から、赤いベンガラ壁が並ぶ吹屋（岡山県高梁市）への旅がはじまり、そこで撮った写真をもとに手彩色の絵葉書を作成している。他にも絵画、陶芸、映像など、さまざまな作品が展示されている。

「今回は2人で200点ほど制作しました」と、ワタリドリ計画の麻生知子さんと武内明子さんは云う。2008年に学生時代からの友人同士で結成。各地を旅して、その場所を題材とする作品をつくり、展示もその土地で行なうというユニークなスタイルで活動を行なってきた。これまでに展示したのは札幌、青森、新潟、静岡、名古屋、天草、熊本など20カ所近い。

展示にあわせて『ワタリドリ通信』を発行し、会場などで配布する。部数は最大で4000部。「通信は展示を観られなかった人にも活動を知ってもらいたいのと、記録のつもりで発行しています」。作品制作の裏話や旅のエピソード、マンガなど、子どもの頃から新聞づくりが好きだったという2人が楽しんでいるのが伝わってくるので、私は以前から愛読している。今回の展示に合わせて、等身大の「特別号」も制作した。

ワタリドリ通信
絵から旅する大原↔岡山

旅をしながら作品をつくるという活動によって、地域の人たちとの交流が生まれる。展示後も付き合いが続くという。

「今回は倉敷に住む40人くらいにお会いして、名画から受けるイメージをお聞きしました。みなさん、地元のことだから張り切って答えてくれるんです（笑）。抽象的な作品のほうが面白い答えが返ってきやすいのは意外でしたね。実際にその場所に旅すると、『あの人はここのことを云っていたのか』という発見もありました。自分たちだけだったら予想もしない場所に連れて行ってもらえて、その経験を作品にすることができました」

この日の会場には、その期間に知りあった人が訪れて、ワタリドリ計画の2人と話していた。彼らにとっても、地元の良さを意外な角度から再発見する機会になったのだと思う。

「通信の次号では、今回の展示のことをいろいろ書きたいです」と2人は云う。次は福島県喜多方市での展示に向けて、旅をはじめようとしている。

ワタリドリ計画がつくる手彩色の絵葉書には、その土地の風景に自然な形で2人が入り込んでいる。旅と地域、そしてアートが無理なくつながっているところがとてもいい。2人の活動を伝える『ワタリドリ通信』は、まるで旅先から届く手紙のようだ。

（2020年7月・第59号コアコア新聞）

『ほうぼわかやま』（和歌山県和歌山市）

――「和歌山好き」を増やすさまざまな特集を組む

『ほうぼわかやま』は、「ふるさと再発見！」をキャッチフレーズとするA４判・12ページのフリーペーパーで年２回発行。「ほうぼ」は和歌山弁であちこち、そこらじゅうという意味だ。

これまでの特集テーマは、和歌山城、地名、野球、酒、動物園、相撲、医術など。タイトル通り、和歌山の文化・歴史の「ほうぼ」を取り上げている。

最新となる第26号の特集は「高野山の暮らしと不思議」で、同地の歴史や食を紹介している。

発行元のウイングは１９７２年創業の和歌山市の印刷会社。前社長が県外で仕事をした際、和歌山のことをうまく紹介できなかったので、「和歌山の人に自信をもって地元の魅力を語ってもらいたい」と考えるようになり、２００８年８月に『ほうぼわかやま』を創刊した。

創刊号の巻頭特集は「和歌山城再建50周年を語る」。

２代目編集長の宇治田健志さんは和歌山市に生まれ、北陸の新聞社勤務を経て、２０１２年に入社し本誌スタッフとなった。

「印刷物や出版物の制作を通じて、日ごろから資料館や研究者と交流があります。それが特集にも生きていると思います」

第25号では和歌山を舞台とした文学作品を紹介し、大きな反響があった。

特集のほか、エリアごとの町歩きや、ものづくりに携わる人を紹介するコーナー、主に移住者を取り上げる「わかやま魅力発信人」などがある。

発行部数は約1万部。市内の図書館、公共施設、書店などで配布する。読者は高齢層が多いが、最近は若い人も増えてきたという。

「和歌山では大学で県外に出るのが当たり前になっていますが、地元にもこんな面白さがあるよと知ってもらい、和歌山好きを増やしたいです」

取材後、元寺町の〈帯伊《おびい》書店〉で、ウイングが制作を担当した江本英雄『帯伊書店ものがたり』（帯伊書店）を買った。この店は江戸時代の創業で、主人自ら『紀伊国名所図会』を執筆、出版したという。

その本屋がいまでも営業していることに、和歌山の本の文化の深さを感じた。

（2022年4月・第80号特集）

まつもと一箱古本市（長野県松本市）

――「この街の一箱古本市に出たい！」からできた本

昨年（2018年）春に松本に行った。〈books電線の鳥〉という変わった名前の古本屋のオープン記念にトークをしたのだ。その日、10年ぶりぐらいに松本の古本屋を巡った。老舗っぽい店が多いイメージがあったが、リトルプレスなどを扱う〈栞日〉や新刊書店出身の女性が営む〈本・中川〉など新しい店がずいぶん増えたことに驚いた。その松本で「本と街を楽しむ雑誌」をキャッチフレーズに、『松本の本』が4月に創刊された。特集は「ボクらの街には古本屋がある」。まさにいまの松本の古本屋状況を伝えてくれる。

「お城のかたちの古本屋」で、観光客にも有名な〈青翰堂《せいかんどう》書店〉店主へのインタビューは興味深い。この城は1954年の建築。当時、改修工事で松本城が見られなかったことを惜しんで先代が建てたという（2020年に閉店）。もうひとつの特集「〝ワタクシ テキ マツモト〟のススメ」では、手仕事、神社、地形、総堀（松本城外郭の堀）、小路、電車、看板などさまざまな角度から見た松本が紹介されている。

ほかにも、喫茶店やバーなどのマッチラベル、松本に移住したライターの北尾トロさんのインタビューなどの記事を掲載。B5判・48ページ。街歩きに使えるイラストマップも挟み込むという、充実ぶりだ。

「松本では2015年から『まつもと一箱古本市』を開催していますが、毎回県外からの出店者が多いんです。彼らは松本の街並みを楽しみに出店してくれます。そこで『本と街』をテーマにして、街の本屋を紹介するとともに、地元の人に街の魅力が伝わるような文章を書いてもらう雑誌をつくることにしました」と云うのは、古本喫茶〈想雲堂〉の店主・渡辺宏さんだ。観光地でもある松本には多くのガイドブックがあり、ネット情報も多い。それに対して、この雑誌では現実の街に向き合って、自分の言葉で松本を表現できる人に依頼したという。

「うちの店の常連さんとの会話の中で、私が面白いと思った話を書いてもらったり、常連さんから紹介された方に依頼したりしました」と渡辺さん。1000部発行し、4月末の一箱古本市に間に合わせたが、当日雨が降ってきちんと販売できなかった（まつもと一箱古本市はなぜかやたら雨が降るのだ）。しかし、その後市内の新刊書店や古書店、飲食店など40店舗に置いてもらうと順調に売れ、最近1000部増刷したという。

「想雲堂では現在100冊ほど売れていますが、半分は観光に来た県外の方が買われています。ネットに載らないテーマで松本が紹介されていることから、旅の思い出や土産になるという気持ちで購入してくれたようです。今後も年1冊ペースで発行していきたい」と渡辺さんは意欲的だ。

近年、各地で一箱古本市をきっかけに出版物が生まれているが、『松本の本』もそのひとつだ。イベントと出版がちょうどいいバランスで、どちらも続いていくといいと思う。

（2019年8月・第48号コアコア新聞）

〔追記〕『松本の本』は2024年8月現在、第3号まで発行。

『スワニミズム』（長野県諏訪地域）

――諏訪地域の歴史と文化を掘り起こす研究会

2014年、長野県下諏訪町で『スワニミズム会報』創刊号が発行された。同誌はタイトルの通り、諏訪地方について考察する同人誌で、表紙にあるように、「史学・信仰思想・芸能・考古学・民俗学」に関する論考が並んでいる。第2号から『スワニミズム』と改題。

昨年（2021年）9月には、3年ぶりとなる第5号を発行した。これまでの特集は「御渡《みわたり》」「縄文の未来」「ミシャグジ再起動」「諏訪研究7つのビジョン」「遺跡を生きる」。御渡は冬の諏訪湖が結氷して盛り上がる現象にまつわる信仰。ミシャグジは諏訪を中心として東日本で信仰された神だという。耳慣れないテーマばかりだが、図版が多く、インタビューや座談会などもあるので読みやすい。各地で発行されている郷土研究雑誌とはひと味違い、地元の人以外にも開かれていると感じた。

「諏訪地域は諏訪市、岡谷市など3市2町1村を合わせて19万人が住む盆地です。その地に縄文文化の隆盛があり、諏訪信仰があり、近代以降は製糸から精密・光学・電子産業の中心となってきました。それを私は『諏訪力』と呼んでいます」と、編集長の石埜《いしの》穂高さんは話す。コピーライターであり、青森県などで縄文ムーブメントおこしにも携わってきた。

石埜さんが学んだ長野県立諏訪清陵高校では、伝統的に生徒が歴史や天文、生物などの地域研究を行なってきた。2011年、同校の同窓会で石埜さんが「諏訪力」について講演したことがきっかけとなり、原直正さんらが個人的にはじめていた諏訪信仰研究会スワニミズムを発展させるかたちで12年に「スワニミズム」が結成された。その後は毎月、地元の居酒屋で研究会兼飲み会を開き、そのたびに新しいメンバーが増えていった。会員は現在約50名。1970年代に歴史研究雑誌『どるめん』を発行していた田中基さん（2022年死去）が顧問で、「ミシャグジ探偵」「さすらいの写真行者」「古武術師範」「縄文記号研究者」など不思議な肩書の会員もいる。

「従来のアカデミズムや郷土研究にないものを求めている人が集まってきていますね」と、石埜さんは云う。

会員によるフィールドワーク、講演、ライブ、合宿なども盛んで、毎号の活動報告からは、楽しみながら知りたいことに向かってまい進している様子が伝わる。また、フェイスブックでは毎日のように諏訪に関する情報や会員の動きが掲載されている。

「会員は全国に広がり、論考を発表したり講演したり、独自の活動を行なう人も増えてきました。スワニミズムは、そういった動きを支えるプラットフォームであり続けたいと思います」

次号は「神仏習合」の特集を組む予定。雑誌と並行しつつ、関連して「諏訪神仏プロジェクト」も進行している。

豊かなリソースを持つ諏訪を舞台に、在野の人たちが好きな研究に没頭するスワニミズムの活動は、今年10年目を迎える。

（2022年2月・第78号コアコア新聞）

『別所線百年物語』（長野県上田市）

――公文書、記事、エッセイで地元鉄道をたどる

地方の書店で郷土本コーナーに行くと、ひときわ目立つところに置かれているのが地元の鉄道に関する本だ。ローカル鉄道はその地域の歴史を反映したものであり、同時にノスタルジックな思いを誘うからだろう。

昨年（２０２１年）12月に刊行された『別所線百年物語』（信濃毎日新聞社）は、長野県の上田駅と別所温泉駅をつなぐ上田電鉄別所線の歴史をたどるものだ。１９２１年（大正10）、上田温泉電軌が青木線と川西線を開業。別所線と改称されたのは、１９３９年（昭和14）だった。２０１９年には台風19号により千曲川橋梁が崩落したが、１年半後に復活した。

「公文書・報道・記憶でたどる上田の鉄道」という副題の通り、本書は複数の要素で構成されている。

第１章では地図研究家であり、『地図と鉄道省文書で読む私鉄の歩み』シリーズ（白水社）を著した今尾恵介さんが、鉄道省文書と地図を基に、別所線を含むこの地の鉄道の変遷を読み解く。

「公文書からは地元からの鉄道敷設の陳情の様子や、地元出身で鉄道院監督局にいた五島慶太（のちの東急電鉄創始者）の関与が判ります」と今尾さん。大変な作業だと思うが、「調べるのは好きなんですよ。楽しみながら書きました」と笑う。

第２章では、信濃毎日新聞のアーカイブから別所線などの記事をピックアップ。執筆した同社出版部の内山郁夫さんは、「昭和以前の記事

はキーワード検索ができないので、1カ月くらいひたすら紙面とにらめっこでした」と云う。

ユニークなのは、第3章で別所線と廃線になった上田丸子電鉄について、市民から募ったエッセイ約90編を掲載したことだ。通勤通学時の思い出、特徴的な「丸窓電車」の印象、駅員に親切にしてもらったことなど、身近なエピソードが語られている。

「貴重な発言が多く、歴史を調べるだけでは出てこない、『人々がどのように電車に接していたのか』を知ることができました」と内山さん。

このような構成は、本書以前にすでに『長野電鉄百年探訪』（信濃毎日新聞社）で行なわれている。長野電鉄１００周年記念にエッセイを公募する企画があり、そこに公文書、新聞記事という要素を加えることで一冊にまとめたのだという。同書でも今尾さんが執筆している。「こういう構成にしたことで、会社の社史とは異なる視点で、地域の鉄道の歴史をたどることができたと思います」と内山さんは話す。

写真も多く掲載され、全駅の解説や上田の鉄道を描いた鳥瞰絵図なども入っている。資料性が高く、読み物としても面白い。鉄道ファン以外にも勧めたい本である。

（２０２２年5月・第81号コアコア新聞）

『丹藤商店ものがたり』（新潟県阿賀町）

——よろず屋の日常。もうひとつの『阿賀に生きる』

今年（2018年）5月に刊行された『丹藤商店ものがたり』が新潟で話題を呼んでいる。阿賀野川に面した鹿瀬《かのせ》でよろず屋を営む三人に聞き書きした本書を読んで、自分でも丹藤商店を訪れたくなったのだ。

朝、新津駅のカフェで『丹藤商店ものがたり』の著者である里村洋子さんと、発行元である「冥土《めいど》のみやげ企画」（以下、冥土連）の旗野秀人さんと会う。

旗野さんは1972年から新潟水俣病患者の支援に取り組んできた。熊本の水俣病のドキュメンタリー映画のスタッフだった佐藤真が旗野さんを訪れたことから、佐藤真監督のドキュメンタリー映画『阿賀に生きる』（92年）が生まれた。阿賀野川とともに生きる三組の夫婦の日常をとらえた名作だ。旗野さんは95年に冥土連をつくり、患者さんたちにささやかな楽しみをもたらす活動を行なってきた。

「旗野さんが誰でも誘うもんだから、いままでは全国に冥土連のメンバーがいます」と笑う小林知華子さんもその一人。彼女の運転で、阿賀野川に沿って鹿瀬へ向かう。途中、映画に出てくる地域や、撮影隊が住み込んだ「阿賀の家」などに立ち寄る。

丹藤商店に到着する。店の名前は庇に隠れており、パンの看板で商店だろうと見当がつくぐらいだ。でも、中に入ると食品から日用品までずらりと並ぶ。見つからないものは仕入れてくれるし、配達もしてくれる。

鹿瀬には新潟水俣病の原因となった昭和電工

の工場があったが、いまはひっそりしている。そんななか丹藤商店は、地元の人々が集まって買い物をし、茶飲み話をする貴重な場所なのだ。

新潟市に住むノンフィクション作家の里村洋子さんは、旗野さんに連れられてこの店を訪れ、店主の丹藤利正さん（79歳）・信子さん（77歳）夫妻と、利正さんの姉・福子さん（84歳）（2002年に死去）のファンになり、三人の聞き書きをはじめる。同書には福子さん、利正さんが満州の大連で生まれ、日本に引き揚げて、母のヤイさんが鹿瀬で店を開いた経緯や、その後の三人の人生が丁寧に綴られている。

この日、大人数で訪れた私たちは奥の座敷に通された。先客の信子さんの従弟とともに、お茶をご馳走になった。いつの間にか、目の前にはさまざまなお菓子が並んでいる。変な言い方だが、次から次へとおもてなしが続くので気が抜けない。買い物に来たはずなのに、帰りには樽一杯の十全なすをお土産に持たされてしまう。

商売を営む店なのに、ここでは資本主義と異なる論理が働いているように感じた。

私たちが帰るのと入れ違いに、自転車通学の中学生たちが店に入っていく。丹藤商店はたくさんの人に必要とされているのだ。

いつの間にか旗野さんから冥土連メンバーに任命された私も、きっとまた、この店を訪れるだろう。

（2018年9月・第37号コアコア新聞）

『伊藤芳保写真集「阿賀に生きる」30年』（新潟県）

――映画『阿賀に生きる』がつないだ縁

佐藤真監督によるドキュメンタリー映画『阿賀に生きる』が今年（2022年）、公開から30年を迎えた。

舞台は新潟県の阿賀野川流域。鹿瀬にあった昭和電工の廃液により新潟水俣病が発生し、1965年に確認された。

この映画の主人公である3組の老夫婦も患者だ。新潟水俣病の現状を正面から告発するのではなく、川とともに生きる彼らの日常を描くことで、かえって見る人に被害の深さを感じさせる。

30年を記念し、新潟、東京、大阪などで上映会が続く。その場にはいつも、70年代から患者を支援する活動を行なってきた旗野秀人さんの姿がある。『阿賀に生きる』は、新潟を訪れた佐藤監督と旗野さんが出会ったことで動き出したのだ。

9月24日には山形県の川西町フレンドリープラザで上映会と旗野さんのトーク（聞き手は私）が開催された。この映画は何度観ても、そのたびに小さな発見がある。今回も、餅つき職人の仲の良い夫婦、加藤作二さんとキソさんが口喧嘩をする場面に見入った。

映画が公開された翌年、加藤さん夫婦は相次いで逝去、旗野さんはこの夫妻を悼む追悼集会を開催、集会は毎年続いている。

ほかにも「冥土のみやげ企画（冥土連）」を名乗り、苦労してきた患者を旅やカラオケで楽しませる活動を行なってきた。

その様子を撮った映像をもとに『それからど

したいっ！「阿賀に生きる」その後』（佐藤睦監督）が製作され、今年５月に完成した。『阿賀に生きる』にも登場する加藤キミイさん、唄が生き甲斐だった渡辺参治さんらの姿が見られる。

　冥土のみやげ企画では、これまでに本・ＣＤを十数点刊行している。今年５月には『伊藤芳保写真集「阿賀に生きる」30年』が刊行された。伊藤芳保さんは栃木県生まれ。26歳のとき、故・伊藤ルイさん（大杉栄・伊藤野枝の娘で市民運動家）の紹介で、新潟で『阿賀に生きる』を撮影中の佐藤監督を訪ねた。

　本書は、伊藤さんが毎年、追悼集会に通って撮影した写真約１万１０００枚から約７００点を選び収録したものだ。患者さんと映画のファンが一堂に会し、楽しんでいる様子が伝わってくる。川西町の上映会にあわせて写真展も開催された。
　佐藤真監督は２００７年に死去。今年は没後15年にあたる。しかし旗野さんらの活動もあり、『阿賀に生きる』はいまなお現役で多くの人たちに観つづけられている。幸福な映画だ。
（２０２２年11月・第86号スクエア）

エディション・ノルト（新潟県南魚沼市）

——新潟の雪深い地で本の文化を発掘する

2019年2月なかば、十日町市松代にある「農舞台」を訪ねた。今年は雪が少ないとはいえ、新潟県内でも豪雪地域だけあって見渡す限り雪ばかりだ。ほくほく線・まつだい駅から農舞台まで通路でつながっているのがありがたい。

ここは雪国農耕文化を体感できる施設であり、十日町・津南町で3年に1度開催される「大地の芸術祭　越後妻有アートトリエンナーレ」の拠点でもある。これから見る「アート／ブックのとても大きな部屋―読む・作る・考える」も大地の芸術祭の関連企画だ（展示期間は1月19日～3月24日）。

透明ビニールの防寒カーテンをめくって中に入ると、広いスペースのあちこちに台が置かれ、その上に全国各地の出版レーベルやアートブック・ショップがセレクトした写真集、画集、ZINEなどさまざまな出版物が並ぶ。

企画したのはエディション・ノルト（edition nord）。秋山伸・堤あやこ夫妻が、2010年から秋山さんの実家の南魚沼を拠点としてアートブックの出版活動を行ないながら、展覧会やアートイベントの企画をしている。

今回の展覧会は、本ができるまでの過程を展示したり、トークやワークショップ、パフォーマンス、滞在制作があったりと盛りだくさんだ。会場に置かれたリソグラフで、印刷物づくりの体験もできる。

なかでも「松代／妻有　バナキュラー・ブック・リサーチ」はユニークな試みだ。バナキュラーとは「土着的な」という意味。この地域で

発行された集落の昔話や歴史の記録集、自分史、画集・写真集、学校の文集などを、図書館や学校で発掘して展示する。一般流通しておらず、書店に置かれないのではじめて見るものばかりだ。

『版画集　川舟物語』は、六日町中学校の美術部と郷土部が制作した大判の絵本。魚野川とともに生きた人々の生活を絵と文章で綴った記録だ。同校の教師だった秋山さんの父が生徒を指導してつくったもので、この本を再発見したことが企画のきっかけとなった。２００８年に南魚沼市教育委員会から復刻版が刊行されている。

会場には、雪国とは切り離せない出稼ぎの体験を綴った『出稼ぎのこえ』や、大正から戦後まで一つの小学校の生徒が描いた絵や習字をまとめた作品集『十日町市松之山　下川手集落の〈軌跡〉』など、興味をそそる本が多かった。

「本を集めることで地域の文化や暮らしが見えてくると思います。今後は、これらの出版物を書いたりつくったりした人に取材して、何らかの形でまとめたいです」と堤さんは云う。

自分たちの足元に光を当てる、このような試みはもっと評価されていい。新潟だけでなく、全国各地でこのような出版物は出されているが、その存在は忘れられがちだ。ほかの地域でも、同様の意識を持った人が出てきてほしい。

（２０１９年4月・第44号コアコア新聞）

〔追記〕エディション・ノルトはその後、神戸に移住したが、現在も「大地の芸術祭」に参加している。

新潟・文化誌フォーラム（新潟県新潟市）

――新潟市で40年間発行された文化誌を集めた展覧会

2020年3月20日～22日、新潟市で「新潟・文化誌フォーラム～伝えたい思い1980―2020～」が開催された。

会場は、日本海に面した寄居浜の近くにある〈ゆいぽーと〉。廃校になった二葉中学校の校舎を利用して、2018年に新潟市芸術創造村・国際青少年センターが設置された。ゆいぽーとはその愛称だ。

会場には、新潟市で発行された20誌ほどの雑誌のバックナンバーが展示された。

「商業雑誌ではなく、個人やグループが発行するミニコミ、フリーペーパー、最近で云うZINEなどを『文化誌』と総称しました」と、本展を企画したゆいぽーとの小川弘幸さんは語る。

1981年に演劇、映画、音楽などの批評を載せた『サブ』が創刊された。それに影響を受けた小川さんは、93年に『風だるま』を創刊。文化批評誌として、あらゆる分野の文化、芸術運動を取り上げた。

「新潟は長らく文化不毛の地と呼ばれていましたが、80年代以降は若い世代が自分が観たい演劇やコンサートを企画するようになりました。そのメッセージを伝える媒体としても、これらの雑誌は重要でした。誌面を見ると、その時代の新潟の文化の息吹きが感じられます」と小川さんは振り返る。

すでに休刊した雑誌も多いが、85年創刊の『月刊ウインド』は現在も発行中。コミュニティシネマのはしりと云われる〈新潟・市民映画館〈シネ・ウインド〉が発行する雑誌で、映画だけでなくさまざまな文化に関する記事が掲載されている。

今回の展示は、小川さんが所蔵しているものや、各誌の発行人に声をかけて集まったものを展示した。そのため、全号が揃っていない雑誌もある。公共図書館にも所蔵されていないものが多く、貴重だ。

「最近のＺＩＮＥも含め、見落としている雑誌がまだまだあると思います。今回見てくださった方からの声をもとに、改めて第二弾を企画したいと思います」

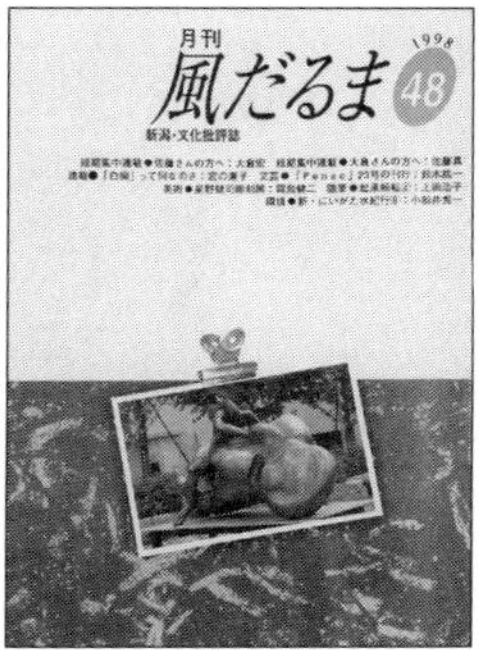

関連企画として、アーティスト・イン・レジデンスとしてゆいぽーとに滞在した、アムステルダム在住のアーティスト、マルティーナ・ザンボーニさんが、新潟市をテーマに制作したＺＩＮＥも展示された。

充実した展示だっただけに、３日間の会期は短かったように思う。しかも、新型コロナウイルスの影響で、発行者によるトークセッションなどのイベントが中止されたのが惜しい。

ゆいぽーとでの続編を望むとともに、新潟以外の県でも同様の企画を考えてほしい。どの県の中心都市でも、小さな雑誌が「わがまちの文化」を支えてきた時期はあるはずだから。

（２０２０年5月・第57号コアコア新聞）

『佐渡に暮らす私は』（新潟県佐渡市）

――佐渡で仕事をする96人に高校生がインタビュー

今年（2021年）5月に刊行された『佐渡に暮らす私は』は、新潟県立佐渡総合高等学校の1年次生が1年間かけて、故郷に住む96人に佐渡で暮らすことや仕事についてインタビューし、まとめた本だ。美容師、瓦屋、寮母、郵便局員、僧侶、パン屋、ＪＡ職員など職種はさまざまで、生徒自身の両親や祖父母にインタビューしている例もある。文章をまとめるのはもちろん、写真も生徒が撮っている。驚くのは、本としての完成度の高さだ。ハードカバーでオールカラー。表紙には窓が開けられていて、そこから写真が覗く。生徒が撮った生写真を3枚ずつ挟み込んでいるのだ。

「一冊の本ができるまでに、さまざまな人が関わることを生徒に知ってほしくて、上製本にしました」と、企画者の田口康大《こうだい》さんは話す。同書には、プロのデザイナーや写真家が関わっている。

田口さんは東京大学の海洋教育センターで特任講師を務めるとともに、「研究成果にならなくても、地域に還元できる事業を行なうため」、２０１６年に一般社団法人３７１０ＬＡＢ《みなとラボ》を設立。日本財団から助成を得て、「海とヒトとを学びでつなぐ」をテーマに活動してきた。その背景には、東日本大震災を契機に海についての学習の必要性を痛感したことがある。宮城県気仙沼市の小学校では、卒業生が考える「わたしが残したい気仙沼」を冊子にまとめる。また、自分の町のいいところを紹介する「気仙沼おさんぽＢＩＮＧＯ」を制作した。

2019年度には、鹿児島県立与論高等学校で1年間かけて本づくりを行なう。2年生は地域の人にインタビューし、1年生は「アンダーギー」「島有泉（黒糖焼酎）」など地域に関する項目を執筆する。そして年度内に『与論の日々』を刊行した。

「佐渡では、『産業社会と人間』という授業を通じて、インタビューや文章の書き方、撮影について生徒に伝えました。新型コロナウイルス禍により、オンラインでの授業がメインとなりました」

そんな状況で、年度内という限られた期間に、これほどクオリティの高い本が完成できたのは、生徒自身のみならず、学校側のサポートも大きいのだろう。出版という形態を選んだことについて、田口さんは「学校という社会の外で評価される機会をつくりたい」と話す。

「広い世界で読まれることによって、対話が生まれ、自分の新しい面を見出すことができます。本にはそういう可能性があると思うんです」

同書は500部発行したうち200部を学校に納品した。佐渡総合高校には模擬会社があり、イベントなどに生徒が出店してこの本を販売しているという。3710LABのサイトでも販売しているが、すぐに完売した。9月末には、第2刷が発売される予定だ。

「今後も、海洋教育と出版を結びつけるプロジェクトを行なっていきたいです」と、田口さんは語った。

（2021年9月・第73号コアコア新聞）

〔追記〕2023年に続編『あなたと出会った佐渡』が刊行された。

月刊『かまくら春秋』

——〝鎌倉文士〟の声がけで市民と作家とともに歩む

（神奈川県鎌倉市）

月刊『かまくら春秋』は1970年5月に創刊。2020年に50周年を迎え、現在（2022年）は第630号が目前の老舗雑誌。

鎌倉は「鎌倉文士」と呼ばれる作家が住み、戦時中には川端康成、高見順らが蔵書を持ち寄り、貸本屋〈鎌倉文庫〉を営んだ町だ。

「『かまくら春秋』の最初の事務所は鎌倉文庫と同じ場所だったんです」と、創刊号から編集長を務める伊藤玄二郎さん。現在78歳。

「父は鎌倉で町工場を営んでいましたが、売れない文士や絵描きを応援していました」

伊藤さんは河出書房で2年働いた後、鎌倉文士の代表格である里見弴から「土地っ子なんだから鎌倉の雑誌をつくらないか」と声をかけられ、25歳で創刊した。

「文芸の香りのする情報誌にしたい」と、地元の商店会に呼びかけて会員になってもらった。1955年創刊の『銀座百点』から学んだ点も多かった。

同誌は、里見弴《とん》の後援を受けて、永井龍男、小林秀雄、堀口大學ら著名な文学者が寄稿する文芸誌であるとともに、「町の息遣いを伝えるかわら版」という顔もある。

「鎌倉には『隠れ文化人』が多いので、いい加減なことを書くとすぐに電話や投書で抗議されます（笑）。読者がうちの雑誌のクオリティを上げてくれるんです」と伊藤さんは話す。定期購読者も多く、海外在住者にも送付している。発行部数は約2万部。

B6判、100ページの誌面には現在、村松

友視の小説や三木卓、堀口すみれ子（堀口大學長女）らのエッセイが連載され、7月号は医師で森鷗外の孫の小堀鷗一郎と編集長の対談、そのほか町の情報などが掲載されていて、読みごたえがある。360円（税込）という価格が安すぎるとさえ感じる。

同誌のほか、『詩とファンタジー』『星座』『湘南文學』などの雑誌や、鎌倉に関する本や海外の絵本の翻訳の刊行も行なう。昨年（2021年）刊行した『潜伏キリシタン図譜』は、日本の潜伏キリシタンの遺物・文化財をカラーで収録した労作だ。

また、2005年からは建長寺を会場に、「親と子の土曜朗読会」を毎週開催。作家や歌手、俳優をゲストに招き、名作文学を朗読する。7月末で897回に達する。

「『かまくら春秋』が今日まで続いてきたのは、鎌倉の歴史と鎌倉人の懐の深さや文化性のおかげです」と伊藤さんは話す。

都市化が進んだとはいえ、鎌倉は作家、大佛次郎らの尽力で生まれた「古都保存法」によって、昔からの景観が保たれている。そんな鎌倉で仕事を続けられた自分は幸せだと、振り返る。

「今日を大事にすれば、いい明日が来ると私は信じています」と語る伊藤さんからは、鎌倉という町への深い愛情が伝わってきた。

（2022年8月・第84号特集）

〔追記〕『かまくら春秋』は2024年9月に第653号を発行した。

コロナ禍のリトルプレス（東京都ほか）

――紙だから届く、コロナ禍に生まれた小さな本

出版界は機を見るに敏だ。災害や事件が起こるたび、いち早く雑誌で特集が組まれ、関連本が出版される。今回の新型コロナウイルスも例外でなく、『仕事本　わたしたちの緊急事態日記』（左右社）などが刊行された。この状況を受けていくつものリトルプレスが誕生した。東日本大震災の際は見られなかった現象だ。その中からいくつか紹介しよう。

『まどをあける』は、香川、宮城、神奈川、新潟、台湾などに住む10人のエッセイ集。「ＳＴＡＹ ＨＯＭＥ」の中でのとまどい、怒り、悲しみ、楽しみが綴られている。

「緊急事態宣言でずっと家にいるなかで、遠くで暮らす知人がどうしているかを知りたくなって企画しました」と発行人の佐藤友理さんと中田幸乃さんは語る。二人は香川県高松市で出会い、この当時は佐藤さんは宮城県、中田さんは愛媛県で暮らしていた。原稿依頼から１カ月という早さで完成させた。

「テレビやＳＮＳの情報の波に疲れていたこともあって、その人の生活から生まれた文章が届いたのが嬉しかったです。フリーペーパーにしたのは、手紙のように人に届けたかったから。発送する相手の住所を見て、どんな土地に住むどんな人かを想像できるのもいい。ネットでなくモノとしての本をつくってよかったと思います」

『ＤＯＮＡＴＩＯＮ ＺＩＮＥ』には１００人が「最近の好物」について寄稿。私も書いた。ＺＩＮＥやフリーペーパーを発行する宮崎希沙さん、小山ゆうじろうさん、イーピャオさんの

３人が、世話になった個人書店が苦境にある状況に何かしたいと企画。売上が１００％、納品した書店への寄付となる。5月末で約80店に納品したが、すぐに売り切れた店も多い。

対面型のイベントが中止になるなか、兵庫県伊丹市の〈みつづみ書房〉が4月にオンライン上での一箱古本市を開催すると、２週間ほどで４７３冊が売れた。『みんなのひとはこ ＺＩＮＥ』はその記録集で、イベントの熱気が伝わる。

最後に紹介するのは、京都で発行されている『ウィークリー・コロナ』。交流のある２つの家族が小学校の休校により会えなくなったことから、「紙上訪問」のつもりで互いの近況報告をする新聞。子どもから祖父へのインタビューも楽しい。発行人の井上迅さんは、自身が住職を務める寺で１００年前に大伯母が書いた日記を発見した。そこには世界中に蔓延したスペイン風邪についての記述もあった。その日記は京都の出版社から書籍化される予定だ（２０２３年に井上迅編『ためさるる日　井上正子日記１９１８－１９２２』法蔵館　として刊行）。『ウィークリー・コロナ』について井上さんは、「将来、コロナの日々の記録として、子どもたちが読んでくれることを願っています」と書く。今回紹介した小さな出版物たちは、10年後、そして１００年後にどのように読まれるだろうか？

（２０２０年9月・第61号コアコア新聞）

〔追記〕『まどをあける』は２０２４年8月現在、第４号まで刊行。創刊時はフリーペーパーだったが、現在は３３０円で販売。中田幸乃さんは現在、佐渡島で本屋〈ニカラ〉を営業している。

模索舎（東京都新宿区）

――「原則無審査」で出版物を扱う本屋

昨年（2020年）11月21日、JR中央線・武蔵境駅近くの〈武蔵野スイングホール〉で、「シコシコ／模索舎から半世紀」というイベントが開催された。新型コロナウイルス対策で入場人数を制限したが、130人以上の来場者があった。その大半は60代以上の男性だった。通りがかりの人は看板を見て、どういうイベントなのかと首をひねっただろう。

じつは、このイベントは自主流通の出版物を扱ってきた書店〈模索舎〉の開店50年を祝うものだった。現在では〈タコシェ〉（東京・中野）、〈シカク〉（大阪市此花区）など同様の書店があるが、同じ場所で50年続いた店は他にない。

模索舎は1970年10月28日、新宿2丁目に〈情報センターへの模索舎〉としてオープン。〈シコシコ〉は併設されたスナックの名称だ（72年閉店）。

出版流通を通していないミニコミや同人誌、私家版、もしくは左翼団体の機関紙などを「原則無審査」で扱う。その根底には表現の自由を守るという理念がある。1972年にはわいせつ物として摘発されていた『四畳半襖《ふすま》の下張』を販売したことで、創業者の五味正彦氏らが逮捕されるという事件も起きた。

私は大学に入った1986年にはじめて同店を訪れ、一般の書店に並んでない出版物ばかりであることに驚いた。また、自分でつくったミニコミを置いてもらったこともある。その縁もあって、イベントの第一部の司会を務めた。

残念ながら、模索舎の名前を聞いたことがあっても、実際に訪れていない人は出版界にも多い。「まだあったのか」と驚く人もいるそうだ。たしかに経営は厳しく、舎員（スタッフ）も少ないが、模索舎はいまも健在だ。

12坪の店内は、客同士がすれ違うのが困難なほど狭い。ぐるっと回るだけでも、いま注目の著者やテーマが判る。

東京以外で発行されたタイトルも多い。２００９年から舎員として働く榎本智至さんによれば、名古屋のレトロビルを探訪する雑誌『名古屋渋ビル手帖』、大阪で発行の『生活の批評誌』などがよく売れるという。

「地方のミニコミには、ユニークで面白いものが多いと思います。それらを早く見つけて、当店に納品していただくかが課題ですね」と榎本さんは云う。

今回のイベントは、半世紀にわたる模索舎の活動を振り返る節目となった。とくに販売物のリストを掲載した『模索舎通信』『模索舎月報』などは、それ自体が貴重な記録だ。

それとともに、これまで模索舎の存在を知らなかった人に向けて、その独自性を伝えることのできるいい機会だった。

かつては、社会運動や文化に興味を持つ地方の若者が、東京に来るとまずこの店に立ち寄ったという。ＳＮＳが情報発信の主力となったいまでも、さまざまな表現が一堂に会する模索舎という空間は、唯一無二の価値を持っている。

（２０２１年2月・第66号コアコア新聞）

信陽堂（東京都文京区）

――編集者夫妻が新たに始めた「小さな出版社」

2021年3月に刊行された長谷川ちえ『三春タイムズ』（信陽堂）は、2016年に東京から福島県三春町に移住し、器と生活道具の店〈in-kyo〉を営む著者が、生活するなかで見てきた町の風景や人、行事などを書き留めるエッセイ集。「自分の日常の中で特別な理由がなくても『なんとなくいい』と思う感覚」を飾らない言葉で伝える。shunshunさんの柔らかいイラストもいい。

発行元の信陽堂は、ともに編集者である丹治史彦さんと井上美佳さん夫妻が営む会社で、東京都千駄木に事務所を構える。丹治さんは複数の出版社を経て、2003年に出版レーベル「アノニマ・スタジオ」を設立。「ごはんとくらし」をテーマに約90冊を刊行した。井上さんもフリーの編集者として関わる。丹治さんは10年にフリーランスとなり、同年、井上さんと二人で信陽堂を設立。井上さんの祖父が経営していた紙器工場の名前に由来する。

2013年からは、滋賀県近江八幡市の菓子会社「たねや」が発行するフリーペーパー『ラコリーナ』の編集に携わる。社長の「店の宣伝は不要。近江の自然や文化を地元の人と共有したい」という声を受けて、火祭り、米づくり、水などを写真と文章で伝えるものだ。新型コロナウイルスの影響により、2021年春から紙版からウェブ版に移行した。

東日本大震災の直後には被災地に本を届ける「一箱本送り隊」を結成。丹治さんが隊長となり、井上さんや私とともに活動した。また最近は、民族文化映像研究所（民映研）が日本各地の生活文化を記録した映像を観る会を定期的に開催している。東京に拠点を置きながら、ローカルな視点で本に関わる活動を行なっているのだ。「小さくても出版社としてやっていきたい」という気持ちから、昨年（２０２０年）12月には、神奈川県葉山町でギャラリーを運営し２０１１年に亡くなった美術作家、永井宏さんの『愉快のしるし』を刊行。本書は、あるショップのカタログのために書いた９５６の短い文章を集成したもの。丹治さんは編集者として、永井さんの本を何冊も手掛けている。取次は通さず、すべて直販で約１２０店の書店で販売する。

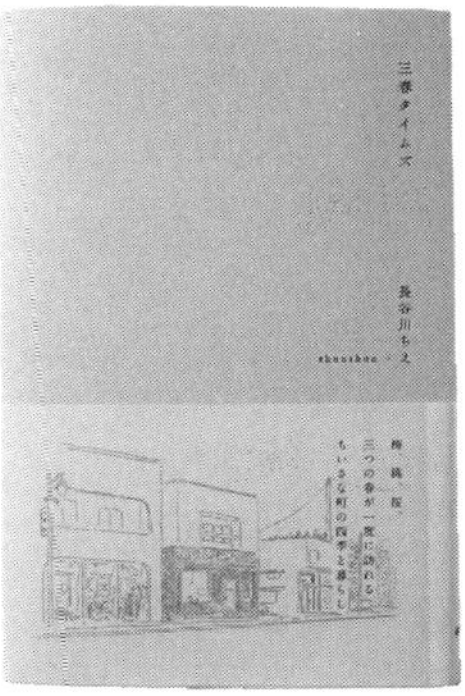

「買い切りなので返品も出ないし、直接書店とやり取りすることでリアルな声が聴ける。身の丈に合う出しかただと思います」と丹治さんは云う（現在はトランスビューなどの流通も利用している）。

２冊目となる『三春タイムズ』は、以前から付き合いの深い長谷川さんが投稿サイト「ｎｏｔｅ」に連載する文章を読んで、「地元の人も気付かない三春の良さを、生活者の視点で描いているのがいい」と思い、出版を決めた。

「永井宏さんの言葉にならえば、私たちは本を出すことをきっかけに『コミュニケートする場所』をつくりたいんです」と二人は語る。小さいこと、ローカルな動きを見つめる彼らが、次にどんな本をつくるのか注目している。

（２０２１年４月・第68号コアコア新聞）

〔追記〕２０２３年、『続・三春タイムズ』が刊行された。

『日常』（東京都文京区千駄木）

――まちとつながる宿泊施設の魅力を伝える

今年（2021年）5月、『日常』という雑誌が創刊された。発行元は「一般社団法人　日本まちやど協会」である。まちやどとは「まちを一つの宿と見立てることで新しい価値を見出すことを目指し、宿泊施設と地域をネットワークさせ、地域全体として宿泊客をもてなすことで、地域価値を向上していく事業」のこと。その形態はゲストハウスもあれば、ホテルもある。

「まちと関係を結ぼうする姿勢を持つ宿が『まちやど』なんです」と、2015年から谷中で〈hanare〉を営む宮崎晃吉さんは話す。2013年に谷中でカフェ・ギャラリー〈HAGISO〉をオープン。宿泊施設〈hanare〉、総菜カフェ〈TAYORI〉も運営する。宮崎さんら6人が理事となり、17年に協会を設立。現在は全国で20の宿泊施設が加盟する。2020年3月には富山県南砺市で第1回「まちやどサミット」を開催予定だったが、新型コロナウイルス拡大によって中止。その後の緊急事態宣言によって、宿泊施設は苦境に陥る。

「オンラインで対策を話し合っているなかで、まちやどについての本をつくろうという話になったんです」というのは、編集長の川口瞬さん。15年に真鶴に夫婦で移住し、〈真鶴出版〉を設立。「泊まれる出版社」として、出版活動を行いながら宿泊施設を運営する。宿泊とまち歩きがセットになっているのが特徴だ。書籍として出するつもりだったが「継続的に進化させたい」（宮崎さん）と年刊の雑誌に決まる。完成した創刊号は、まちやどオーナーの座談会、まち

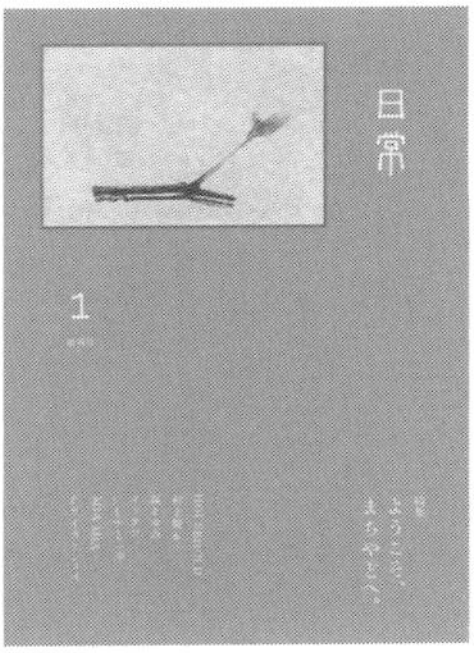

やどを泊まり歩く森まゆみさんのエッセイ、イタリアの「アルベルゴ・ディフーゾ」（分散型のホテル）の報告など、さまざまな切り口からまちやどとは何かを伝える内容となった。マンガやクロスワードパズルまで入っていて、いかにも雑誌らしい雑多さと楽しさがある。

「宿だけでなく、まちにおける活動や地元のおすすめの店なども紹介することで、まちや人が見えてくる雑誌をめざしました」と川口さん。最後まで悩んでいた誌名は、「まちやど協会の理念でもあり、昔の雑誌っぽいタイトル、『日常』に決まりました」と云う。３０００部発行し、各まちやどや、真鶴出版の取引先の書店で販売したところ、売れ行きは好調だ。オンラインでの創刊イベントにも多数が参加した。

「まちやどに泊まったことがある人以外にも、地域で活動をしている人が熱心に読んでくれている印象があります」と、川口さんは云う。宮崎さんも、「この雑誌を読んで興味を持ってくれた宿が、協会に加わってくれるといいですね。まちやど同士の交流を深めていきたい」と語る。

7月頭に熱海市で発生した豪雨の際、協会に加盟する地元の〈ｇｕｅｓｔ ｈｏｕｓｅ ＭＡＲＵＹＡ〉が災害関連情報をいち早く発信し、シャワーやトイレを無料開放していた。

第2号は来年（２０２２年）春に発行予定。コロナという新しい日常のなかで、まちやどと雑誌はどのように進化していくだろうか。

（２０２１年8月・第72号コアコア新聞）

〔追記〕『日常』は２０２４年8月現在、第3号まで発行。

『田端人』（東京都北区田端）

――生まれ育った町を歩くことから生まれた本

私が東京都北区の田端に住んで8年が経った。この地域には戦前に芥川龍之介、室生犀星をはじめ多くの作家や画家が居住し、「田端文士村」と呼ばれた。私が住む辺りには、夭逝《ようせい》した画家の村山槐多《かいた》が下宿していたらしい。

「田端の風景はすっかり変わってしまいましたね」と話すのは、矢部登さんだ。お宅は戦前から田端にあり、ご自身もこの地から離れずに暮らしている。若い頃から好きな文学を読み、作家や画家の書誌をつくってきた。それらを手づくりの冊子として発行してきた。

定年を迎えたのを機に、毎日のように田端の隅々までを散歩した。「そうすることで昔の記憶が蘇りました」と矢部さんは話す。その記憶が、これまで読んできた本の中から田端に関する記述とも呼応する。

2012年から冊子『田端抄』を発行。歩いたこと、読んだものを自由に結びつけて、田端についての文章を綴った。16年には金沢市の出版社「龜鳴屋《かめなくや》」から同題の単行本として刊行された。

「龜鳴屋は少部数のいい本をコツコツつくっている出版社です。田端に住んだ室生犀星が金沢出身ということにも縁を感じました」。同社の本はほとんど書店に並べず、通信販売を主とする。手元に置いておきたい本が多く、矢部さんは社主の勝井隆則さんのことを「造本の風狂人」と呼ぶ。

その後も矢部さんの田端探訪は続く。16年からは冊子『田端人』全5冊と別冊を発行。これ

をもとに昨年（2022年）、同じく龜鳴屋から刊行されたのが単行本の『田端人』だ。

　前作にも増して、作家、画家、詩人、彫刻家ら人物、喫茶店や古本屋、道や川など、さまざまな視点から田端の町が描かれる。巻末には「田端人、徘徊す」という写真ページもあり、読者は矢部さんとともに散歩しているような気分になる。

　この本を読むと、いまは特徴のない場所の過去の姿が垣間見られる。たとえば、暗渠になっている谷田川には、いくつもの橋が架かっていた。その一つである谷田橋はいまは交差点の名前としてのみ残る。

　区による表記では「谷田川通り」だが、矢部さんの周りでは「谷田橋通り」と呼んできたという。こういう実感も大事だ。

「郷土史を研究しているわけじゃなくて、好きなように書いているだけ」と矢部さんは云うが、実感と文献に基づく記述には説得力がある。こういう書き手を得た町は幸せだ。

「毎日、田端を歩いています。そのうち冊子を出してまとまったら本にできればと思います」と矢部さんは笑う。田端草紙三部作が完成する日が楽しみだ。


（2023年3月・第88号コアコア新聞）

アーツカウンシル東京（東京都）

――東日本大震災の被災地でアート事業を支援

今年（2021年）の春、2冊の冊子を手にした。1冊は雑誌『FIELD　RECORDING』第5号、もう1冊は『震災後、地図を片手に歩きはじめる』。ともに、公益財団法人東京都歴史文化財団「アーツカウンシル東京」が発行している。芸術文化の創造・発信を推進し、東京の魅力を高める多様な事業を展開する団体だ。

「東日本大震災が発生した2011年7月、前身の東京文化発信プロジェクト室で『Art Support Tohoku-Tokyo』（ASTT）がはじまり、その担当者として被災地に足を運びました」と話すのは、プログラムオフィサーの佐藤李青《りせい》さんだ。宮城県塩竈市生まれで、東京・小金井でアート活動の立ち上げを経て、震災直後に現職になる。

09年にはじまった「東京アートポイント計画」がNPOやアート団体と提携し、さまざまな事業を実現してきた経験をもとに、ASTTではまず現地のパートナーを探し、一緒になって必要な事業を進めていった。その経緯は、佐藤さんが書いた『震災後、地図を～』に詳しい。

「最初に訪れたのは、宮城県大河原町のえずこホールです。東北の沿岸部を巡るワークショップを行なっていました」

このほか、福島県立博物館の取り組み、宮城・松島湾のつながる湾プロジェクト、岩手県沿岸部でアートで人が集う場をつくる「野点《のだて》」など全部で11のエピソードを描く。事業を進める際の逡巡や停滞なども描かれており、リアルだ。

「本書に登場する人に『当時を振り返る機会になった』と云ってもらえました。当事者と私の視点の交換ができたと思います」

一方、「東北の風景をきく」のサブタイトルのある『ＦＩＥＬＤ　ＲＥＣＯＲＤＩＮＧ』は、雑誌という媒体を通じて、様々な活動を伝えていく目的で18年に創刊。特集テーマは「記録」「表現」「経験」「出来事」。号によって、サイズも見せ方も変わるのが面白い。

ＡＳＴＴが終了する震災10年目に向け、第5号（特集「自分のことを話す」）を準備していたが、新型コロナウイルス禍により現地に行けなくなる。また、活動を振り返る展示も中止となった。そのためウェブサイトに寄稿してもらい、雑誌のかたちでまとめた。

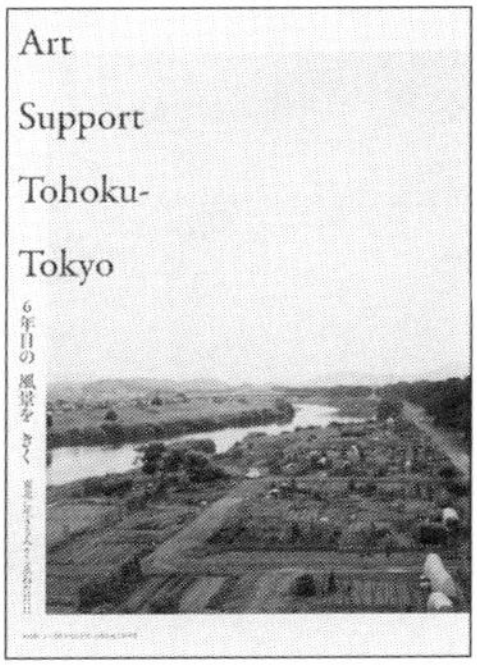

「東北に関わってきた41名に一週間ずつ日記を書いてもらったリレー日記は、異なる土地にいる人々の日常と震災後の東北とのつながりが具現化できたと思います」
ＡＳＴＴは3月末で終了したが、「震災からの10年間に東北で培ったネットワークを都内での事業に生かしていきたいです」と、佐藤さんは語る。
ＡＳＴＴの記録は、アートだけでなく、他の分野でも大いに参考になるはずだ。
（２０２１年6月・第70号コアコア新聞）

『山のざめき 川のとどろき』（福島県金山町《かねやままち》）

——地域の生活記録1万点を厳選して写真集に

今年（2019年）3月に福島県大沼郡金山町の教育委員会が『山のざめき 川のとどろき かねやま「村の肖像」プロジェクト』という写真集を刊行した。金山町は奥会津にある人口2000人ほどの町で、高齢化率は59％に達している。本書には、明治から1969年頃までに町内で撮影された写真および動画からおこした写真171点を収録している。

全体は「山のざめき」「川のとどろき」「変わる山と川」「『村』のにぎわい」「『村』とこどもたち」などに分類されている。山と川に囲まれた金山町の人々が携わってきた多様な仕事の様子や、戦後に只見川で建設された発電所による村の変化、村の祭りや芸能、子どもたちの遊びや仕事などの写真が並ぶ。

最後に置かれた「『村』をみつめる眼」は、60年以上にわたって写真を撮りつづけた角田勝之助ら5人の撮影者の試みを紹介する。地域の人や風景をビジュアルとして記録した本書は、地元の人にとって懐かしい思い出を蘇らせるものになった。

本書は2016年から3年間、金山町中央公民館が行なった映像資料の収集・整理・保存・活用事業である「かねやま『村の肖像』プロジェクト」の報告書だ。教育委員会の臨時職員（当時）としてこのプロジェクトを推進したのは、榎本千賀子さん。写真家であり、映像文化の研究者である榎本さんは、金山町に移住した。彼女は、町内の各地区で集まった映像資料を見せるワークショップを開き、参加者に自由に思い

出話を語ってもらうことで、撮影年代や被写体の情報を得るとともに、新たな映像を収集した。

そうして集まった約1万点の写真や動画はデジタル化され、整理された。その際、新潟大学の「地域映像アーカイブ研究センター」が協力し、将来的に共通のデータベースで運用できるようにした。さらに、各地区のイベントで展示し、町民の意見を反映する「公開編集室」も開催した。一冊の写真集の背後に、これだけの取り組みと、今後公開されるであろう多くの写真や動画があるわけだ。巻末には、住民への聞き取りの成果も収録されている。

改めて本書を眺めていくと、工事や村祭りなどの記念写真が多い。戦前の写真では人々は笑わずにカメラを見つめているが、戦後には笑顔も混じるようになる。たくさんの集合写真を見ていくと、いつ頃から笑顔で写るようになったかが判るかもしれない。そんなことを考えてみると面白い。

地域の映像資料は地元の人にとって貴重であると同時に、デジタル化によって、さまざまな観点からの活用が可能になるのだ。金山町を先駆として、各地で「村の肖像」を発掘する動きが広がっていけばいいと思う。

（2019年6月・第46号コアコア新聞）

『「大字誌《おおあざし》浪江町権現堂」のススメ』（福島県浪江町）

――地域の歴史をたどる「大字誌」から見えること

昨年（2021年）10月に『「大字誌浪江町権現堂」のススメ』（いりの舎）という本が刊行された。同年3月から毎日更新するブログ「『大字誌　浪江町権現堂』（仮）編さん室、調査日誌」の約2カ月分をまとめたものだ。福島県浪江町権現堂という大字の地名、宿場、寺社、交通、人物などについて、資料や聞き書きから判明したことを記述していく。古代から現代まで多岐にわたる項目によって、権現堂という土地のイメージが次第に浮かび上がってくる。

「大字誌は県や市町村ではない、身近な地域から歴史を見ていくもので、1960~70年代に沖縄や北海道などで刊行されています。沖縄では本土復帰後の変化が激しかったことが背景にありました」と話すのは、著者で国文学研究資料館教授の西村慎太郎さん。大学生のとき古文書の保全活動に参加。2006年にNPO法人「歴史資料継承機構じゃんぴん」を設立し、地域に埋もれている資料を整理し継承する活動を行なってきた。

東日本大震災後、茨城県で被災資料救出に参加した際、福島県双葉町出身の研究者・泉田邦彦さんと出会う。それがきっかけとなり、18年に『大字誌ふるさと請戸《うけど》』（浪江町）を刊行。19年からは年1冊・10年計画で『大字誌両竹《もろたけ》』（双葉町）を刊行中。また、『小良ヶ浜』（富岡町）も今年（2022年）完成した。刊行スタイルを変えるのは、「同じだと飽きてしまうからです」と笑う。

この「大字誌」ラッシュの背景には、原発事故により避難指示解除準備区域にされたことで、激変した地域の歴史や文化を記録にとどめたいという、地元の人々の思いがある。権現堂ブログは10年前、原発事故により政府の避難指示が発出された3月12日に開始し、今年3月31日まで一日も休まず更新された。

「自分の専門以外の分野も調べると、地方のバスの研究が少ないことなどが判って面白いです。ブログを読んでの反応も多く、連動しているフェイスブックに、古文書をお持ちの方から連絡を頂いたりしました」と西村さん。

一方、資料では存在したことが判っている寺を、地元の人が誰も知らないなどの謎も残った。「もっと調査を進めて、いずれは『大字誌権現堂』として刊行したいです」と話す。

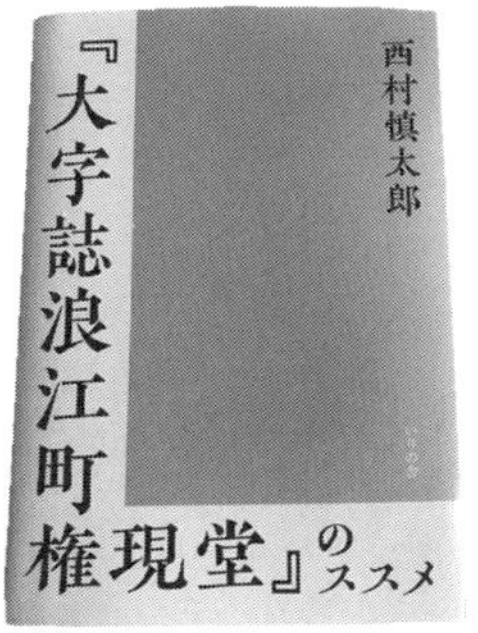

本書刊行を記念して、4月30日に浪江町で「第1回浪江を語ろう！」というイベントが開催され、50名以上が集まった。福島県のほかの地域でも、大字誌をつくろうという機運が高まっているという。

「震災後の復興計画についても、大字の歴史から考えることであるべき復興のかたちが見えてくるかもしれません」と、西村さんは云う。

もちろん大字誌という手法は、被災地以外でも有効だ。地域の歴史や文化を見直すきっかけになり、それが地域に人が戻ることにつながっていけばいい。「小さな歴史」が人を動かすのだ。

（2022年7月・第83号コアコア新聞）

〔追記〕2023年、続編『「大字誌浪江町権現堂」のススメ②』（いりの舎）が刊行された。

『セントラル劇場でみた一本の映画』（宮城県仙台市）

――仙台の「街の文化」を支えた映画館の記録集

2018年6月30日、仙台市にあった映画館〈セントラル劇場〉が閉館した。1979年に日之出セントラル劇場として開館。02年に一時休館ののち、仙台セントラル劇場として再開。その後、桜井薬局セントラルホール、仙台セントラルホールと名前を変えながら、39年間続いてきた。

仙台駅からすぐのアーケード街に面したビルの3階にあり、スクリーンはひとつだけで154席の小さな映画館だったが、さまざまな映画を上映し、仙台の映画好きに愛された。街なかの映画館が消えていった後も、唯一残った非シネコン系の映画館だった。

『セントラル劇場でみた一本の映画』では、33人がそこで観た一本の映画についてエッセイを書き、巻末に上映作品リストを掲載している。寄稿したのは、仙台に住む小説家の佐伯一麦、映画監督の濱口竜介、漫画家のいがらしみきおをはじめ、自主映画活動のグループやタウン誌の編集者、古書店店主、映画ファン、そしてセントラル劇場の支配人やスタッフ。

誰もが「一本の映画」を選ぶのに頭を悩ませたことだろう。その作品の素晴らしさを語りつつ、あのとき、この映画館で観たという体験の特別さを伝えようとしている。

小説家の伊坂幸太郎は、テリー・ギリアム監督の『フィッシャー・キング』を観終わったあとのことを書く。

「早く友人と感想を共有したかったのだが、セントラル劇場の階段はそれほど広くない。横

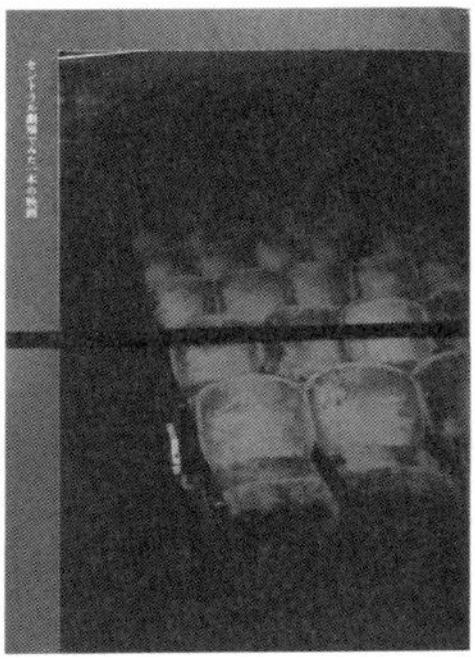

に並んで下りることもできないから、アーケード通りに出たら、まず何と言おう、と考えながら足早に下った。（中略）あの高揚感、じれったさはよく覚えている」

「映画館を反復可能な映画作品と、一回きりの鑑賞という体験が交差するところとしてとらえ、その関係性を記録したい」と考えて、本書を企画したのは、常連だった映像作家の福原悠介さんと同館の映写技師だった村田怜央《れお》さん。

「原稿が集まってくると、何人かが同じ作品を選んでいたり、同じようなシチュエーションがあったりして、個別の文章だけでなく、エッセイ同士の関係性や全体から『セントラル劇場』の姿が見えてきました」と二人は語る。

　発行部数は500部。仙台市内の書店を中心に販売する。

「仙台の映画館の記録ではありますが、同時に、エッセイとリストの映画作品をよりどころにすることで、ほかの土地の映画館や映画ファンにも通じる内容になっていると思います」

　ところで私も〈桜井薬局セントラルホール〉という変わった名前に惹かれて、ここで何度か映画を観たことがある。一番印象的だったのは、レイトショーで観たロバート・アルドリッチ監督の『カリフォルニア・ドールズ』だった。

（2019年7月・第47号コアコア新聞）

『仙台本屋時間』（宮城県仙台市）

——仙台の本屋の魅力をエッセイと写真で伝える

２０２1年3月末に刊行された『仙台本屋時間 Time in a Bookshop-Sendai』は、仙台市中心部の新刊書店、古本屋、ブックカフェをはじめ、ブックオフや車で販売する移動本屋、街で立ち売りする『ビッグイシュー』など「本を売る場所」を広く紹介する本だ。

「仙台は政令指定都市ですが、コンパクトにまとまっていて、徒歩圏に全国チェーンの大型書店、地元の老舗書店から、個人の小さい本屋まで、さまざまなスタイルがあるところが魅力だと思います」と、発行人で自らも２０００年から〈ｂｏｏｋ　ｃａｆｅ 火星の庭〉を営む前野久美子さんは云う。

仙台では、２００８年から本のイベント「Ｂｏｏｋ！ Ｂｏｏｋ！ Ｓｅｎｄａｉ」で一箱古本市やトークイベントを開催。前野さんはその中心だった。11年の東日本大震災後も活動を続けていた。

「この本は、公益財団法人仙台市市民文化事業団と共同で企画しました。発行元のＢｉｂｌａｎｔｅｒｎ（ビブランタン）は『本の灯』という意味です」

前半は仙台と縁の深い作家やミュージシャン、編集者ら5名のエッセイで、後半は市街地の3つのエリアの本屋ガイドとなる。エリアごとに案内人を立て、彼らの視線で本屋めぐりをしてもらう。

実際に歩きたい人のために、本のポケットには地図が収納されている。

15年前から宮城県に移住して活動する志賀理

江子さんが撮る本屋の写真には、不思議な生々しさがある。造本は「紙の質感にこだわりつつ、手帳やノートのような軽さを備えたもの」をめざしたと前野さんは云う。

　執筆者だけでなく、イラスト、ブックデザイン、印刷・製本、地図作成も仙台の人たちで、「オール仙台」でつくられた本なのだ。「これは本というよりＺＩＮＥだと思います」と前野さんが云うように、手づくりの感覚に満ちている。「本も本屋も単体で存在しているわけではない。（略）本を読んだから本を書くようになったり、本屋に通ったから本屋の店主になったりもする。それぞれが独自の存在であると同時に、本を通してつながり、ひとつの世界をかたちづくっている」とあとがきにあるように、本書は、まさに仙台の「本」をめぐる時間と空間を具現化した本になった。

　これまで主な都市で、その街の本屋を紹介する本が刊行されてきたが、店ガイドにとどまらず、ひとつの街の性格まで描き出したのは、本書がはじめてではないか。ほかの街でも、これに匹敵する「本屋本」が生まれてほしい。次はあなたのまちの番ですよ。

（２０２１年5月・第69号コアコア新聞）

3・11オモイデアーカイブ（宮城県仙台市）

――震災後10年の定点撮影で仙台の変化を伝える

２０２２年２月に仙台市で『3・11キヲクのキロク、そしてイマ。２０２１』という写真集が刊行された。同書には、東日本大震災の発生後に撮影された写真と、その数年後に同じ場所・同じアングルで撮影された写真が並べられている。

震災発生後の写真には、瓦礫が打ち上げられた海辺、倒壊する建物、必要品を求めてスーパーに並ぶ行列などの混乱が映し出されている。その9年後の写真を見ると、すっかり整地され地震の痕跡が消えている。また、２０１１年、15年、20年と、３枚並ぶ写真からは、変化の過程が読み取れる。定点撮影したからこそ判ることだ。

２０１１年3月22日、ＮＰＯ20世紀アーカイブ仙台がツイッターで震災画像の募集を開始。それらを基に翌年、写真集『3・11キヲクのキロク 市民が撮った3・11大震災 記憶の記録』を刊行し、大きな話題を呼んだ。その後も有志による定点撮影の活動は続き、13年には『3・11キヲクのキロク、そしてイマ。』が刊行された。

２０１６年には20世紀アーカイブ仙台から震災アーカイブ部門を独立させ、3・11オモイデアーカイブが発足した。

写真集の１、２冊目は宮城県全域を対象としたが、本書は仙台市を対象としていることについて、「震災の被害が激しかった沿岸部と市街地の両方の写真を載せることで、仙台のこの10年間の変化を伝えたかった」と、発行人の佐藤正実さんは話す。

いま仙台の街を歩いても、震災の被害の痕跡は見つけにくい。時を隔てた写真を並べることで、逆引き的に当時の様子を知ることができる。

「同じ場所の写真だからこそ、見ている人も『自分ごと』として感じるのだと思います」

佐藤さんは①写真 ②体験談 ③年表 ④地図 ⑤定点写真の5つの資料が揃うことで、当時を体験していない人にも「自分ごと」として伝わると話す。定点写真は、継続した時間の中でしか生まれない。その積み重ねが本書につながったのだ。

また2012年以降、国内外の110カ所で写真展が開催され、マスメディアが見落としがちだった被災時における市民の生活の様子に関心が持たれた。本書を基にした写真展も開催され、長崎、佐賀、福岡、熊本と巡回する予定だ。
定点写真撮影の今後について、「高校や大学の写真部などと一緒に現地に行って撮影をしたい。記録を残す作業そのものを、いろんな人と共有していきたいです」と佐藤さんは語る。将来的には、震災以前の写真と合わせることで、仙台という街の記録を残すことが目標だ。未来に向かっても、過去に向かっても、記録することの大切さを本書は教えてくれる。

（2022年3月・第79号コアコア新聞）

『石巻学』（宮城県石巻市）

――石巻から生まれた「歩く見る聞く」雑誌

２０２０年9月に発行された『石巻学』第5号の特集は「石巻と文学」。表紙を飾るのは、詩人の吉増剛造さんだ。吉増さんは昨年（２０１９年）夏に開催された「リボーンアート・フェスティバル２０１９」の会期中、石巻市鮎川に50日間滞在し、詩を綴った。

インタビューで吉増さんが「石巻の眼」と呼んだ日和山には、この地を訪れた松尾芭蕉、宮沢賢治、石川啄木、斎藤茂吉らの文学碑が立つ。この山は、東日本大震災による津波で多くの人が亡くなった石巻の町を見おろしている。

「石巻は昔からさまざまな人が行き交うコスモポリタンな土地でした」と語るのは、編集発行人の大島幹雄さん。石巻生まれで、サーカスなどの芸能史を研究する。また、江戸時代に石巻から出帆、遭難してロシアに渡った若宮丸の研究会のメンバーでもある。２０１５年、仲間たちと石巻プロジェクトを結成し、『石巻学』を創刊した。

郷土の雑誌というと、歴史的な面に偏りがちだが、今回の文学特集には13歳の佐藤珠莉さんの小説や、若手歌人の近江瞬さん率いる「短歌部カプカプ」の短歌など、若い世代が参加しているのが特徴だ。

また、小野智美「言葉を杖に立ち上がる」は、震災後に女川一中の授業で俳句に思いを託した生徒たちの9年後を追ったルポ。懸命に生きる彼ら彼女たちの姿にこちらも励まされる。

「1号ごとに人の輪が広がり、新しい書き手が参加してくれていて、前号より50ページも増

えています。石巻から発信する文芸誌に育ってほしいと思います」と大島さんは云う。

「震災後に読んで、心に残った本は何ですか?」というアンケートと、「石巻と文学」ブックリストをまとめたのは、吉田昌子さん。石巻出身で2012年から開催されている「石巻一箱古本市」に「くものす洞」の屋号で参加し、17年に帰郷。現在は、本のあるコミュニティスペース〈石巻まちの本棚〉(以下、〈本棚〉)のスタッフ。

「『石巻学』を〈本棚〉で販売させてもらっている縁で、協力しました。調べていると、『こんな本があるのか』という発見があって面白かったです。今後はもっとブックリストを増やしていきたいし、〈本棚〉でも並べたいです」

新型コロナウイルス禍によって、石巻の名物である「川開き祭り」は中止となった。「ライブハウス〈ラ・ストラーダ〉で刊行記念イベントが開催されましたが、私は残念ながら参加できませんでした」と大島さんは云う。次号は来年(2021年)の夏に発行し、「海を渡った石巻圏人」という特集を組む予定だという。

「そのときには川開き祭りの花火を見ながら、みんなで集まりたいですね」

(2020年11月・第63号コアコア新聞)

〔追記〕『石巻学』は2024年9月に第9号を発行。

『石巻日日こども新聞』（宮城県石巻市）

――好きなことを追うこども記者の10年

「石巻日日こども新聞」をはじめて手に取ったときは驚いた。石巻市の小学生や中学生が「こども記者」となって取材した記事だけで紙面がつくられている。周知のとおり、石巻市は東日本大震災で最も大きな人的被害が出た地域だが、その未曽有の出来事を乗り越え復興へと向かう人々の動きを伝えるとともに、こども記者自身が何を感じたかもきちんと描く。見事なジャーナリズムだと思った。

２０１２年3月11日創刊。カラー4ページで年4回、２万２０００部発行。うち８０００部は協力してくれる石巻日日新聞に挟み込み配布される。また、全国約２００人の「こども記者サポーター」に郵送される。

同紙を発行するこどもみらい研究所の太田倫子さんは、「子どもたちの居場所をつくりたかったんです」と話す。太田さんは石巻市生まれ。震災後、子どもが大人に迷惑をかけないようにしている様子に心を痛めた。そこで、子どもたちの「つくる」「つたえる」「つながる」を応援しようと決意する。最初はウェブで発信するつもりだったが、紙として残したいと思い、新聞を出すことにする。創刊以来、のべ７５０名の小学生〜高校生がこども記者になる。彼らはプロの新聞記者に教わりながら、企画から依頼、取材、原稿まで自分たちで行なう。「話を聞いてメモをするのはむずかしい。でも、好きなことを取材できるのはたのしい」と彼らは話してくれた。校正では「大人が見過ごしてしまいがちなルビの間違いにも気づいてくれます」と太

映画「春をかさねて」上映会

田さん。小5から高3まで記者だった八重樫蓮さんは、現在は市内のデザイン会社で働く。「アートについての取材を続けてきたことが、いまの仕事につながりました」と話す。好きなことを取材することで、進みたい道が見えてくるのだろう。本当の新聞記者になった子もいる。「学校や学年が違う子とも記者仲間になって、いまでも仲がいいです」と八重樫さんは云う。

今年（2021年）6月発行の第38号では、石巻出身の佐藤そのみさんが自主制作した映画『春をかさねて』の記事を掲載。最新の第39号では、アフガニスタンにランドセルを贈る運動を取材している。「この新聞は子どもたちの作品なんです」と、太田さんは話す。彼女自身も、子どもたちと一緒に活動することによって新しい世界が開けたように感じている。10周年の今年、吉川英治文化賞を受賞。それを記念して、9月11日にオンラインイベントを開催。公開取材のほか、これまでの活動を振り返る動画やこども記者からのメッセージを配信した。

「今後もできるだけ続けたい。20周年には、創刊時に合宿した温泉に集まって同窓会をしたいねと話しています（笑）」（太田さん）

新聞づくりを通じて、考える力を育て、仲間が生まれ、将来を考えるきっかけになる。こども記者の活動は、石巻にとってだけでなく日本の未来への希望だと思う。

（2021年10月・第74号コアコア新聞）

〔追記〕『石巻日日こども新聞』は2023年3月11日に第45号を発行。その後はウェブでの活動に移行している。

『てくり』（岩手県盛岡市）

――心地よい距離感で盛岡の「ふだん」を綴る

『てくり』は、盛岡市に住むライター、デザイナーなどの仕事をしている3人の女性が発行している。地元の生活や仕事について丁寧に取材し、特集を組む。これまでのテーマは、酒、写真、山、鉄瓶、動物などと幅広い。きれいな写真とデザインで見せるが、タウン誌的な情報はほとんどなく、広告も載せない。ビジュアルで読みやすいが、硬派な雑誌でもある。

同誌を発行する「まちの編集室」が中心となって、2011年に盛岡ではじまったブックイベントが「モリブロ」だ。開催予告のあと、東日本大震災が発生したが、苦難を乗り越えて5月に行なわれた。一箱古本市をメインに、トークやコンサートなどさまざまな企画があった。また、「街かどイベント」として、市内の店や施設で「本」にまつわる企画が開催された。

翌年の第2回では、「『本の街もりおか』の可能性を考える」というパネルディスカッションが行なわれた。大学職員、書店員、市職員が登壇し、私が司会をした。このとき、私は具体性のないままに「本の街」を提唱することを批判している。その後、モリブロは5回まで開催され、15年に終了した。

久しぶりに盛岡を訪れたのは、『てくり』第26号の特集「文学の杜にて。」を手にしたからだ。芥川賞を受賞した沼田真佑氏をはじめ盛岡ゆかりの書き手が増えているし、若い店主が営む〈BOOK　NERD〉という本屋もできた。

この日の夜、〈フキデチョウ文庫〉でのトークに出演した。6年前のディスカッションを聞いていた沼田雅充さんがつくった、デイサービス（通所介護施設）と図書館がひとつになった場所だ。県内各地から多くの人が集まり、盛岡を本当の意味での「本の街」にするにはどうすればいいかを話し合った。

「本と人とまちの関係性のつくりかたには、さまざまな可能性があると感じました」と、出演した岩手大学教授の五味壮平さんは云う。

こういった新しい動きを発見し、応援してきたのが、『てくり』なのだ。同誌の木村敦子さんは、「自分たちの『知りたい』『見たい』『会いたい』というミーハー心を大事にしています」と云う。

2月に発行した第27号の特集は「醸す力。」こうじ屋や酒屋、発酵食などを取材している。食品だけではなく「場」や「人」などが熟成していく様子も描いている。

まちとメディアの心地よい距離感を感じさせるこの雑誌が、今後もマイペースで続いていくことを願ってやまない。

（2019年3月・第43号コアコア新聞）

〔追記〕『てくり』は2024年8月現在、第33号まで発行。

陸前高田昔がたりの会（岩手県陸前高田市）

――津波以前の「むかしの町」をお年寄りが語る

２０１６年3月、「お年寄りの語る昔のはなしをみんなで聞き合い、記録することを通して、地域の記憶を共有し、次の時代に伝えたい」という思いから「陸前高田昔がたりの会」が発足した。

高田生まれの会長・阿部裕美さんらが聞き手となり、地元のじいちゃん、ばあちゃんに半生を語ってもらう。その10回までをまとめたのが、『高田のじいちゃん・高田のばあちゃん　こころのたからもの』という冊子だ。60ページという薄さだが、中身はとても濃い。

菊地仲子さん（１９３０年生）は高田町での朝市のにぎわいを語る。「いっぱいいいだ。買いに来る、ぞろぞろ。詰めまぢ（年末に行われる市）なんか、なぁに歩かせねぇもの」。また、石川スミさん（１９２８年生）は、海に面した小友町での子ども時代を回想する。「海岸に、板引いてね。お彼岸だとかなんか来っとね、そこさ団子だの何だのみんな持ってきてね。海さ流してやんだでば。それね、海さ潜ってきて、拾って食ったもんだでば」。

方言を生かしてまとめられた文章からは、かつての町の様子が鮮やかに浮かび上がる。

語り手の話が終わると、「おちゃっこタイム」と称して、参加者たちが気仙茶を飲みながら、思い出や感想を語り合うのもいい。

スタッフによる座談会で阿部さんは、震災から5年という時間が経ったから、こういう場ができたと云う。地元の人たちは、津波のつらい体験を語ることを求められた時期を経て、やっ

とそれ以前の「日常」を語ってもいいのだと思えるようになったのだろう。

本書の制作・編集を担当したのは、一般社団法人NOOK《のおく》。メンバーの瀬尾夏美さんと小森はるかさんは、震災後に3年間、陸前高田で暮らしながら、地元の人たちの話を記録してきた。

小森さんは高田で種苗店を営む佐藤貞一さんを描いたドキュメンタリー映画『息の跡』（2017年）を監督。最近DVD化もされた。

一方、瀬尾さんは今年（2019年）、著書『あわいゆくころ　陸前高田・震災後を生きる』（晶文社）を上梓した。当時からツイッターで綴ってきた文章と、いまの視点で書かれたエッセイ、絵物語で構成されている。

高田では2014年頃から復興工事が進展し、かつての町を更地にして嵩上げしたうえに市街地が形成されはじめた。瀬尾さんは同書で、これは地元の人々にとって「二度目の喪失」だったと書く。

新しい町ができることを受け入れつつも、失われた町への思いを募らせていた時期だからこそ、このような「語り」の場が必要とされたのだ。

高田の人たちだけでなく、この地を訪れる人にもぜひ読んでほしい、「貴重な記憶と記録」となった。

（2019年5月・第45号コアコア新聞）

『大槌新聞』（岩手県大槌町）

——町民の視点で発行した10年間の新聞の記録

「東日本大震災の前は自分の住む町について考えることはありませんでした」

『わたしは「ひとり新聞社」岩手県大槌町で生き、考え、伝える』（亜紀書房）の著者・菊池由貴子さんは話す。

菊池さんは1974年、岩手県大槌町に生まれる。高校2年以来、何度も大病を患った。大学を中退し、離婚も経験した。そんななか、大震災が起こる。大槌町では人口の7・7％が犠牲になった。

菊池さんは2012年6月に『大槌新聞』を創刊する。創刊号はA3判2ページ。取材や編集経験はなく、見よう見まねでつくった。

「町のホームページには行政目線の情報しか載っていない。町民が知りたい情報を町民の目線で伝える新聞が必要だと思いました」

町が設置したごみ箱の網目の大きさから、街灯、バスなど身近な話題を取材し、報道した。内容が硬くなりがちなので、「大槌わんこ」というコーナーを設けたところ、ペットの話をきっかけに、被災者の深い思いを聞き出すことができたという。

2014年からは「大槌町は、絶対にいい町になります」というスローガンを掲載する。

「大きな被害を受けたからこそ、どこよりも幸せにならなければという思いからでした。2022年、ウクライナの軍人が住民を避難させる際に『ウクライナは絶対いい国になる』と語りかけていた映像を見て、自分がそう掲げたのは間違いじゃなかったと感じました」

第4、5章では、大槌町の震災検証と、旧役場庁舎の保存・解体の経緯について詳しく書かれている。マスコミでも大きく報じられた問題だが、『大槌新聞』ではあくまでも町民の視点から報道した。

解体が決定し、工事が始まった日から、足場だけが残った日までの写真を掲載。「解体されていく姿を撮影するのはとても苦痛でした」と菊池さん。

本書で、菊池さんは地元のお祭りを「復興の理念そのもの」と書いている。

「大槌町の住民は一匹狼タイプの人が多いのですが、お祭りとなると、まとまるんです(笑)。長い歴史があって、各世代が参加します。まちづくりのための事業を新たに起こすよりも、昔からあるお祭りを活用すべきじゃないでしょうか」

地域をよく知り、身近な話題を取材してきた人ならではの意見だ。

『大槌新聞』は5100部を町内全戸に配布。9年間で第385号を発行したが、2021年3月で定期発行を停止する。経営的な問題もあったが、情報を発信するだけでなく、震災復興や地方自治についてもっと考えを深めていきたいという思いがあった。今後は執筆やガイドを通じて、大槌町の現状を町外に向けて伝えていきたいという。

「この本を通じて、失敗だらけの人生でも、何とかなると伝えたいと考えています」と、菊池さんは語った。

(2023年1月・第87号コアコア新聞)

『ヘイタイのいる村』(山形県東根市)

――戦後に砲弾が飛ぶ村があった事実を伝える児童文学

今年(2021年)3月、山形県東根市で『共同創作 ヘイタイのいる村』(北の風出版)が刊行された。

終戦後、山形県では神町《じんまち》(現・東根市)に進駐軍キャンプが置かれた。そして、1946年にはそこから20kmほど離れた戸沢村(現・村山市)を中心とする4700町歩が接収され、大高根射撃場とされた。

「砲座から撃たれる砲弾は村びとの頭上をとび、炭を焼き、山菜をとる山を崩し、途中で炸裂する砲弾が民家の壁をぶちぬいた。当時、日本にあったアメリカ軍の基地のなかで、戸沢村は日本でただひとつ、弾道下の村となったのである」(はじめに)

1951年にサンフランシスコ平和条約により占領が終わってからも、1956年に射撃演習場が閉鎖されるまで同じ状況が続いた。炭焼きの人たちは山に入れず、砲弾の破片を拾って鉄くず屋に売った。その際、不発弾が爆発して子どもが亡くなる事件もあった。

『ヘイタイのいる村』はこの現実を世に伝えるために、鈴木実、高橋徳義、植松要作、笹原俊雄、槇仙一郎という山形県の青年たちが共同創作した物語だ。このうち高橋さんはカリエスで寝たきりで、彼の枕元に仲間が集まり、話し合いながら書き進めたという。

1955年に山形童話の会の機関誌『もんぺの子』で連載後、58年に米沢市発行の「中奥日報」でも連載された。60年にはこの新聞版を改訂した『山が泣いてる』が理論社から刊行され、日本児童文学者協会賞を受賞した。

「新型コロナウイルス禍で自宅にいる機会が増え、亡くなった高橋徳義さんの資料を整理するうちに新聞切り抜きを発見したことが、本書の刊行につながりました」と話すのは、花烏賊《はないか》康繁さん。1948年に戸沢村で生まれた。現在は上山市に住む。

「砲弾が炸裂する地響きのような音を覚えています」

花烏賊さんは中学生の頃から高橋家に出入りしていた。高橋さんの影響を受けて童話を書きはじめ、『もんぺの子』の編集を担当。現在は

山形童話の会の代表である。地元の人からも射撃演習場があった事実が忘れられつつあるという危機感から、『ヘイタイのいる村』の単行本化を企画。支援や予約を呼びかけたところ、1200部の申し込みがあった。
また、同書の読者からの当時の実態を知りたいという声を受けて、5月には花烏賊さんの著書『敗戦後、村は戦場だった 共同創作「ヘイタイのいる村」の背景』(北の風出版)を刊行。2冊をあわせて読むことで理解が深まる。
連載から63年の時を経て刊行された『ヘイタイのいる村』は、「国家の論理」に翻弄される民衆を描いている点で、現在も古びていない。コロナ禍のいま読むべき物語でもあると思う。
(2021年11月・第75号コアコア新聞)

スコップ出版（山形県山形市）

——デパートの閉店からまちの歴史を振り返る

2022年5月に東京で開催された「文学フリマ」（個人やサークル、出版社が自作の出版物を販売するイベント）で、『さよならデパート』という本を買った。発行者は山形県山形市の「スコップ出版」。ブースには社主であり、この本の著者である渡辺大輔さんが座っていた。

渡辺さんが同書を書いたきっかけは、2020年1月に山形市の百貨店〈大沼〉が閉店したことだった。これにより、市内からデパート形式の店舗は姿を消した。

「大沼は江戸時代に商人町である七日町で荒物屋として創業し、1956年に百貨店を開店しました。320年の歴史を持つ老舗の同店が、予告もなく従業員を解雇し、突然閉店したことにショックを受けました」

渡辺さんは1980年、山形市生まれ。20代で大阪から帰郷し、さまざまな仕事を経て料理店を開く。店のある小姓町には戦前に遊廓があり、戦後も飲食街として栄えた。

「いまは静かな通りですが、スナックや喫茶店の人からにぎやかだった頃の話を聞いて、本にまとめたいと思いました」

学生時代に作家になる夢を持っていた渡辺さんは、小姓町にあったキャバレー〈ソシュウ〉について取材し、2017年に『キャバレーに花束を』を自費出版した。市内の書店に持ち込んだところ、よく売れた。

「翌年には同じく小姓町の遊廓についての本を出したのですが、小説仕立てにしたせいで惨敗でした」と苦笑する。

しかし、大沼破綻のニュースを聞き、「こんな終わり方でいいのか」という怒りから取材を開始した。最後に立ち会った女性店員をはじめ、関係者の話を聞いた。本が出ることで迷惑をかけないよう、基本的に匿名で記述した。

「たまたま見つけたのですが、大沼開業の年に小学6年生が自由研究で書いたレポートも役に立ちました。おかげでカメラをグッと地面に近づけるように、具体的に書くことができました」

　その結果、百貨店としての大沼を中心に、大沼のあった七日町と周辺の商業史を描き出すものになった。

　本書刊行にあたり、スコップ出版を設立。「埋もれた歴史を掘っていきたいので、この名前にしました」。県内書店への直販のほか、トランスビュー社による取引代行に加入し、全国で販売する。新聞やテレビで取り上げられたこともあり、初版2000部を完売し、増刷した。

「以前は山形にそれほど愛着はなかったのですが、歴史を知って本を書くことで、故郷と友だちになったような感覚になりました」と、渡辺さんは笑う。

　山形だけでなく、近年各地でデパートの閉店ラッシュが続いている。これまでのまちづくりが通用しない時代になっているのだ。その意味でも、本書は広く読まれるべきだと思う。

　本を書くことは、料理店の仕事とは別の面白さがあると語る渡辺さん。「次作のテーマも決まって、少しずつ取材を進めているところです」。

（2022年9月・第85号コアコア新聞）

『季刊にゃー』（山形県新庄市）

――新庄の「普通」の生活を文とビジュアルで伝える

山形県に住む友人から「このフリーペーパー、知ってますか？」と送られてきたのが、新庄市で発行されている『季刊にゃー』だった。

創刊号（２０１６年12月）の特集は、新庄名物だという「とりもつラーメン」。その後、地元の菓子、飲み屋街、偉人、温泉、工場、外国人移住者、バス・タクシー、怖い話と続く。この地域に根差したものを観光ガイド的ではない視点で取り上げるフリペという点では、北九州市で発行されている『雲のうえ』に似ている。

昨年（２０１９年）12月に発行された第10号の特集は「最上の普通」。新庄が属する最上地方のさまざまな統計と取材から、「普通」の生きかたとは何かを問う、意欲的な試みだ。毎号、20ページに文章がぎっしりと入っているが、内容が面白く、デザインがいいので読めてしまう。表紙も写真だったりイラストだったりと、工夫されている。

それにしても、なぜ『にゃー』なのか？

疑問を抱いて新庄を訪れた私に、「『にゃー』は、『～だよね？』と同意を求める最上地方の言葉です。地元ではみんな使っているし、語感がカワイイので誌名にしました」と、同誌の企画からデザインまで手掛ける吉野敏充さんが教えてくれた。

吉野さんは１９７９年、新庄生まれ。東京でのデザインの仕事を経て、31歳で帰郷。父の農業を手伝いながら、２０１２年から新庄市エコロジーガーデン（旧農林省蚕糸試験場新庄支場）で、生産者らが出店する「キトキトマルシェ」をはじめたことがきっかけとなり、新庄市のフリーペーパーの制作を委託される。

「自分自身が知らなかったこと、面白いと思ったものを歩いて探すスタイルでつくっています」と吉野さん。ライターとして参加するぬまのひろしさんも「突っ込んだテーマでつくりたいですね」と云う。第9号の「怖い話」では、観光客の多く集まる新庄まつりのあまり語られてこなかった面にフォーカスした。

取材から完成まで2カ月かける。特集によっては年表が入っている号がある。「くぢら餅」や「あけぼの町」、「バス・タクシー・代行」に特化した年表は労作で、眺めるだけで面白い。

1万部発行し、8割を最上地方で配布している。

「地域内では認知されてきた感じがあります。気に入ってくれた人が、かかりつけの病院に置いてくれたこともあります。今後は県外でも配布して、新庄出身の人の手に届くようにしたい」

4月に発行する第11号の特集は「とりもつラーメン２０２０」。創刊号以降に登場した新しいタイプのとりもつラーメンに着目するという。また、5月中旬には第10号までをまとめた単行本を刊行予定だ（『季刊にゃー総集編』として刊行された）。

「いまの時点で記録しておかないとなくなってしまう新庄の事物や人は、まだまだたくさんあるんです」と語る吉野さんとぬまのさんは、その場で今後のアイデアを出し合っていた。

（２０２０年4月・第56号コアコア新聞）


〔追記〕『季刊にゃー』は２０２４年8月現在、第20号まで発行。

Book! Book! Okitama（山形県置賜地方）
――井上ひさしのDNA、本好きの風土が生んだ雑誌

一箱古本市が各地に広がるようになって、最初に谷根千でこのイベントをはじめた私たちが予測もしなかったことが次々に起きた。イベントから雑誌が生まれたのもそのひとつだ。

２０１３年には島根県松江市で一箱古本市を主催するＢＯＯＫ在月《ありづき》（２００ページ参照）が『ＢＯＯＫ在月ｂｏｏｋ』を創刊。翌年には三重県津市の一箱古本市にあわせて『ホンツヅキ』が発行されている。このほか各地のブックイベントでＺＩＮＥやフリーペーパーが発行されている。

今回取り上げる『ｎｄａ ｎｄａ！』は２０１７年1月に創刊。14年から山形県の置賜地方ではじまったブックイベント「Book! Book! Okitama」（ＢＢＯ）のこれまでの活動を振り返るとともに、「まちの人がすすめるこの一冊」を特集した。

創刊号の表紙には、東置賜郡川西町の新刊書店〈マルシメ書店〉の外観が使われた。昭和30年代にタイムスリップしたような写真に惹かれて、手に取った人も多かったはずだ。

川西町といえば、作家の井上ひさしが生まれた土地だ。１９８７年、井上がこの町に寄贈した13万冊の蔵書をもとにした〈遅筆堂文庫〉が農業環境改善センターにオープンした。94年には遅筆堂文庫と町立図書館、文化ホールの入る川西町フレンドリープラザが開館。井上が書き込みや付箋をした蔵書を手にとってみることができる。２０１０年の井上の没後も、井上家からの寄贈は続き、別の場所で整理中のものもあ

わせると、その数は約23万冊にのぼる。

今年（２０１８年）のＢＢＯは9月22日から16日間、置賜地域の30カ所以上の店や施設で本に関する企画を行なった。その締めくくりとなる「読書といも煮の日曜日」（一箱古本市、紙もの市など）は遅筆堂文庫のあるフレンドリープラザが会場だ。今年の一箱古本市には、過去最多の38箱が出店した。

本番に先立ち、6月には『ｎｄａ ｎｄａ！2』が発行された。特集は「私のおすすめ、この一冊」。地域の人から一箱古本市の店主、イベントの出演者18人が本を紹介している。私も山形県との県境にある新潟のマタギ村を亀山亮が撮った写真集『山熊田』（夕書房）を紹介した。

このほか、ＢＢＯにゲスト出演したフードスタイリストの高橋みどりさんやライターの永江朗さん、文筆家の甲斐みのりさんらの寄稿、イメージキャラクターを描いてきたｍｉｚｕｔａさんへのインタビューなど盛りだくさんだ。

本好きの集まるミニコミ『ほんきこ。』が母体になってはじまったことから、ＢＢＯのメンバーは本の話をするのが大好き。毎回の会議では地元のお菓子を食べつつ、ブックトークを行なう。5回目の今年でＢＢＯはいったん一区切りとなった。しかし、ここで築かれた本好きのネットワークは、この置賜で新しい動きを生み出していくはずだと期待している。

（２０１８年12月・第40号コアコア新聞）

〔追記〕ＢＢＯは翌年から川西町フレンドリープラザ主催の「一箱古本市in川西」となり、２０２４年9月に通算10年を迎えた。

『ハラカラ』（秋田県秋田市）

――ローカルメディア＋地方紙で秋田の魅力を再発見する試み

２０１６年、秋田市で『ｙｕｋａｒｉＲｏ』（以下ユカリロ）という雑誌が創刊された。特集は「冬、秋田で仕込むもの」。秋田では当たり前の存在である「いぶりがっこ」がどうやってつくられるかという興味から取材をはじめた。「東京に住んでいると気づかない、地べたの暮らしを紹介する雑誌にしたいと思いました」と云うのは三谷葵さん。東京では出版社アノニマ・スタジオの編集者だったが、２０１３年、夫の転勤で秋田市に移住した。同じ年、東京でフリーのカメラマンをしていた高橋希さんも、家族で出身地の秋田市に戻った。この2人が市内のブックイベントで出会い、「地方だからこそできることがある」と創刊したのが『ユカリロ』だ。現在までに3号を発行。県内外の書店や雑貨店、イベントなどで販売している。

地元紙の秋田魁《さきがけ》新報が同誌を取材したことから、面白い展開がはじまった。なんと、２０１９年9月から月1回、秋田魁新報の1ページをまるごとユカリロ編集部に任せることになったのだ。それが『ハラカラ』である。

「最初、そんなことある？　とびっくりしました（笑）。新聞社としては若年の読者離れが深刻化するなかで、外部のローカルメディアの責任編集のページをつくるという決断をしたそうです。タイトルは『同胞』の意味で、身近な問題を一緒に考えていこうという気持ちから付けました。土着の語感を生かしたかったこともありますね」と三谷さんは云う。ユカリロ編集部に、「秋田人形道祖神プロジェクト」（２６８

ページ参照）と、「勝手に宣伝組合」が加わり、3チームが持ち回りで記事を書き、ユカリロが編集する体制で動き出す。

「それぞれ自費出版の経験があり、身銭を切ってやりたいことを表現している点が共通しています」と高橋さんは云う。さまざまな角度から秋田の良さを掘り起こす特集のほか、各地の発行者が寄稿する「ローカルメディア列島リレー」、読者からのゆるいお悩み相談、なぜか愛媛在住の漫画家・和田ラヂヲの4コマ連載もある。レイアウトもフォントも図版の使い方も、従来の新聞紙面とは大きく異なり、インパクトがある。

「新聞とローカルメディアでは目の付け所が違うということを、つくりながら感じています。新聞は公共性を重視するけれど、私たちはむしろ偏りを生かしたい。新聞社側にとっても、それが新鮮に映ったのだと思います」

6月までに第10号を発行。5月からはウェブの「さきがけ電子版」でも『ハラカラ』を読むことができるようになった。

「地方紙が苦境に立たされるなかで新しい取り組みをしていることを広く知ってほしい」と三谷さんは云うが、たしかに、編集やデザインまで一任する例は絶無だろう。ローカルメディアと既存メディアとのコラボが今後どうなっていくか、注目だ。

（2020年8月・第60号コアコア新聞）

〔追記〕2022年、連載をまとめた『ローカルメディア列島リレー』（ユカリロ）を刊行。『ハラカラ』は2024年6月に休刊した。

秋田人形道祖神《どうそじん》プロジェクト①（秋田県秋田市）

――地元のすごい文化、人形道祖神を訪ね歩いた記録

昨年（2018年）発行された『村を守る不思議な神様 あきた人形道祖神めぐり』は、秋田県内に現存する「人形道祖神」を文と絵で紹介したZINEだ。人形道祖神は民俗学者の神野善治が命名した、村を災いから守るために村境や神社に祀《まつ》られたワラ人形や木像などのこと。東日本に分布しているが、なかでも秋田県には100体以上が祀られている。

地区によってショウキサマ、カシマサマ、オニョサマ、ドジンサマなどの呼称があり、人形の大きさや形態、祀られかたも千差万別だ。

「一昨年（2017年）、能代市の小掛《こがけ》のショウキサマが60年ぶりにつくり替えられると聞いて見に行きました。実際に見て秋田にこんなすごいものがあったのか！ と驚きました」と、文章を担当する小松和彦さんが人形道祖神に魅せられたきっかけを語る。

小松さんは秋田市で〈小松クラフトスペース〉というギャラリーを営むとともに、郷土史や民俗学への興味を深めていた。「もっとたくさんの人形道祖神を見たい」と思った小松さんは、その頃、秋田に移住してきたイラストレーターの宮原葉月さんと出会う。

「もともと民俗芸術が好きだったんですが、人形道祖神の写真を見て不格好だけど素朴でカワイイと感じ、絵で表現したくなりました。そこで小松さんに相談して、一緒にZINEをつくることにしたんです」と宮原さんは云う。

2人は一年近くかけて県内の人形道祖神やその行事を取材して回り、同書をまとめた。発行

すると意外に反響があり、初版１０００部が完売、増刷もした。

そして、今年（２０１９年）７月には『村を守る不思議な神様２』を刊行。

「２冊目ではもっと村ごとのストーリーに光を当てたいとか、行事の図解を入れたいとか考えると、１冊目の倍のボリュームになってしまいました（笑）」（小松さん）

制作のためにクラウドファンディングを実施。取材の様子を伝えながら支援を募ったところ、98名からの支援を受け目標を達成した。

本書の魅力は、地域ごとに異なる特徴を持つ人形道祖神の文化を、判りやすく魅力的に伝えたところにある。同じ県に住んでいても、これまで知らなかった文化に２人がハマリこんでいく様子も読者の共感を呼んだのだろう。

７〜８月には東京・神楽坂の〈かもめブックス〉で宮原さんの原画展を開催。本書から生まれたＴシャツなどのグッズや、オリジナルのいぶりがっこや蜂蜜も販売した。

「高齢化が進み、行事をやめた地区もあります。いまのうちに記録しておかねばならないと思います。同時に、今後どう受け継いでいくかも考えていきたいです」

小松さんの言葉には、地域に伝わる文化を守りつつ、次の世代に伝えようとする決意が感じられた。

（２０１９年９月・第49号コアコア新聞）

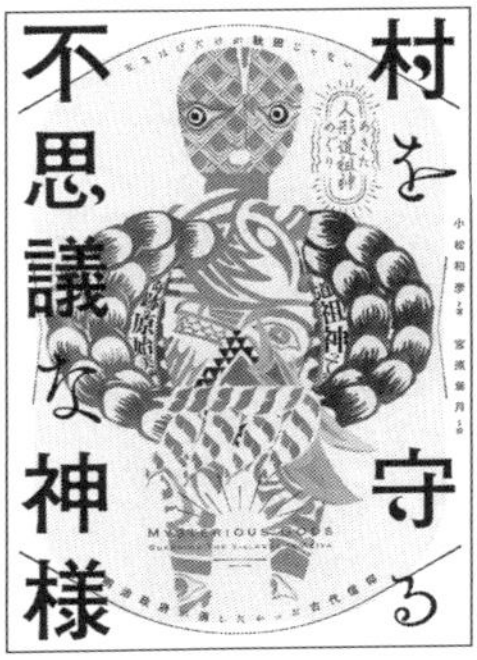

秋田人形道祖神プロジェクト②（秋田県秋田市）

——ローカルなテーマのZINEが商業出版化される

２０１９年、『地域人』連載で、『村を守る不思議な神様　あきた人形道祖神めぐり』を紹介した。人形道祖神とは、村を災いから守るために村境や神社に祀られたワラや木で作った人形のこと。東日本に分布しているが、なかでも秋田県には１５０カ所以上で祀られている。名称も祀られ方も集落によって千差万別だ。

「秋田にこんなすごいものがあったのか！」と驚いた秋田市在住の郷土史研究家・小松和彦さんと、秋田に移住したイラストレーターの宮原葉月さんは「秋田人形道祖神プロジェクト」を結成。県内を取材した成果をもとに、２０１８年に同書を刊行。県内外で大きな反響があり、19年に続編を刊行した。

２０２０年11月に埼玉県所沢市にオープンした〈角川武蔵野ミュージアム〉では、開館記念の展覧会「荒俣宏の妖怪伏魔殿」に、秋田の人形道祖神が８体展示された。

「そのうち７体は同館で収蔵展示するために、６つの集落で新たにつくっていただきました。大変な作業ですが、みなさん、『自分たちが祀ってきた神様を知ってほしいから』と快く引き受けてくださいました」と、小松さんは云う。

そして今年（２０２１年）９月にはＫＡＤＯＫＡＷＡから『村を守る不思議な神様』が刊行。２冊の内容をテーマに沿って再構成し、マタギ、ナマハゲといった秋田独自の文化についての新原稿も追加した。ローカルなテーマを扱ったＺＩＮＥが商業出版化されるのは、きわめて稀なケースだ。

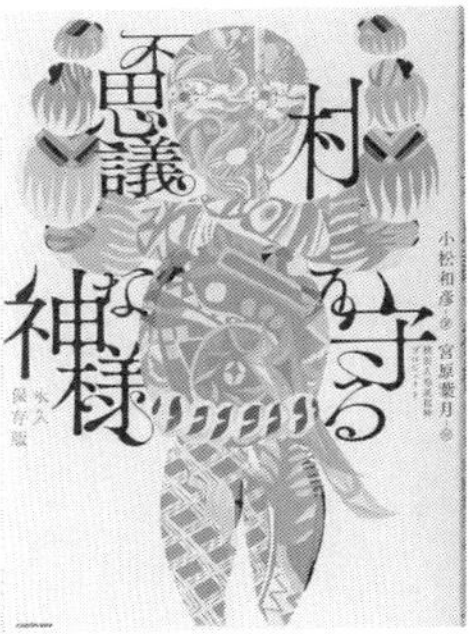

「取材を始めた頃は秋田弁がよく判らなかったのですが、いまでは村のおじいちゃんに話を聞くのが楽しいです。今回の本ではカッコイイおじいちゃんたちの顔をたくさん描きました」と、宮原さん。「人形道祖神の魅力を判りやすく伝えたい」と漫画にも初挑戦した。

秋田在住の読者からは、ふだん通り過ぎているところにこんな行事があったことへの驚きや、地元の見方が変わったという感想があった。

新型コロナウイルス禍により行事が取りやめになった集落もあり、取材にも気を使った。しかしその半面、人形道祖神が疫病退散の神様だということが再認識され、行事を続けなければという意識が高まったという。

高齢化によって行事の存続が危ぶまれている集落もある。しかし、最近では若い人たちが参加するようになっている。

「高齢化のためトラクターで人形を運んでいた集落で、元のように若い人が担いで運ぶようになっています」と小松さん。この文化が注目されることで、次の世代に継承される手伝いができればと考えている。

「人形道祖神ツアーを企画したいですね」と小松さんが云えば、宮原さんは「集落に一週間泊まり込んで行事に密着したい」と話す。今後も新しい本が刊行されつづけていくだろう。

（2021年12月・第76号コアコア新聞）

『めご太郎』（青森県）

――帰省者の視点で青森県の魅力を満載した雑誌

昨年（2019年）6月にはじめて青森市に行った。弘前や八戸を旅したことはあるが、青森市に対しては「県庁所在地なのに何もなさそう」と敬遠していた。その思い込みを崩してくれたのが、2017年11月に創刊された『めご太郎』だった。居酒屋、焼きそば屋、遊廓跡地などを紹介した記事には、いずれもディープな面白さがある。「観光より一歩先の旅へ」というキャッチフレーズがぴったりの内容だった。

同誌を発行するのは、青森市ではなく横浜市に本拠を置く星羊社。星山健太郎さんと成田希さんの夫婦による出版社だ。2013年から横浜の居酒屋など庶民文化を探求する雑誌『はま太郎』を発行している。

「私は青森市の出身ですが、帰省する機会に地元でも『はま太郎』みたいな雑誌が出せないかと考えました。『めご太郎』はかわいいという意味の『めごい』から付けました」と成田さんは云う。

青森には『グラフ青森』というすぐれた地域雑誌があるので、『めご太郎』では、帰省者である成田さんの視点と青森の初心者である星山さんの視点を生かす内容にした。また、青森出身や在住の人に文章を書いてもらった。

第一巻は青森市の新刊書店〈成田本店〉で売り上げ1位となり、その後、県内の取次を通して配本される。

「ガイドブックのような紋切型の取り上げ方ではないことで、地元の人が面白がってくれたようです。青森市以外の地域も取材してほしい

という声を受けて、昨年12月に発行した第二巻では弘前や八戸までエリアを広げています」

その結果、第二巻は200ページ近いボリュームに。居酒屋、喫茶店、水辺など、読みごたえのある記事が並ぶ。八戸の小中野《こなかの》遊廓の歴史をたどる記事には、この地に育った批評家の大谷能生さんのエッセイが添えられている。私も青森市で出会った版画家の今純三（考現学者の今和次郎の弟）についての文章を寄稿した。

「今号では、帰省やイベントなどにあわせて10回以上取材に行きました。青森県は津軽と南部という2つのエリアにまたがっていて、いまでもお互いを意識しているので、その辺のバランスにも気を使いました（笑）」と成田さん。

『めご太郎』をはじめたことで、地元への意識が変わったという。

「若い頃は田舎であることが嫌いでしたが、いまは帰省して酒場に行くのを楽しみにしています。青森の町も変わったし、歳を重ねて自分も変わったということでしょうね」

販促にも力を入れ、サイト限定の特典付きの予約には100人からの申し込みがあった。青森県以外の書店でも、地方・小出版流通センター経由で注文できる。

「青森県にはまだいろんな町があるので、第三巻に向けてじっくりと取材していきたいです」

（2020年2月・第54号コアコア新聞）

『のへの』（青森県八戸市）

——戸の付く町をつないで地域文化を発見する

2021年11月、青森県八戸市で雑誌『のへの』第2号が発行された。面白い誌名だが、歴史的・地理的な由来がある。青森県南部から岩手県北部にかけて、一戸から九戸まで「戸《のへ》」と付く地名が広がる（四戸は現存せず）。糠部郡《ぬかぶごおり》と呼ばれた馬産地で、馬の産地ごとに数字を振ったのだという。

「自分が住む八戸も含め、戸の付くエリアのものづくりや文化を発掘したいと思ったんです」と、発行人の髙坂真さんは語る。取材・写真・執筆・デザインまで一人で行なう。

髙坂さんは1978年、八戸生まれ。千葉県の大学でデザインを学び、大学院修了後、雑誌やデザイン会社で働く。30歳で地元に帰り、フリーランスとして、デザインによって地域文化の価値を発見する試みを行なってきた。そのひとつが、八戸の名物であるウミネコのフンの模様を使ったノートや手ぬぐいだ。

2018年6月には、『のへの』を創刊。A5判・16ページで、八戸市で活版印刷を営む武内印刷を取材している。なお、第2号を買うと、この創刊号の復刻版も付いてくる。

「フリーペーパーとして配布することで、武内印刷さんの受注につながればと考えました」と髙坂さんは云う。次号をどうするか考えるうち、時間が経つ。そして2020年5月、新型コロナウイルス禍による緊急事態宣言に入り、時間ができたことでやっと動き出したという。

「八戸の郷土玩具である八幡馬《やわた》のつくり手二組を取材し、その歴史を調べてまとめました。

職人の高齢化で途絶えてしまう前に、自分なりに記録を残そうとしました」と云うとおり、つくり方の過程を丁寧に紹介している。

代々、鉈《なた》の一刀彫で八幡馬をつくってきた大久保直次郎さん（2022年に死去）は、木材の切り出しから着色まで一人で行なう。「買ってくれる人のことを思って、後世に残る良いものをつくる」という言葉が心に残る。

三波春夫が『八幡馬のうた』を歌っていたことや、八戸の施設や公園などで八幡馬のデザインが使われていることなどの小ネタも面白い。

「のへの日常を旅する」では、岩手県の一戸町の街並みや店を紹介。「この町のいいところを私なりに伝えようと、20回以上通いました」と高坂さんは云う。

戸の町で暮らす人にインタビューした「あなたはなぜ、ここにいるのですか？」は、盛岡の雑誌『てくり』の同名企画に影響を受けたものだ。

「その場の勢いで、考えながらつくりました」と高坂さんは云うが、このエリアの面白さを多方面から伝える誌面になった。2500部発行。県外でも販売していきたいという。

「次号ではアパレルなどの産業を取り上げたいです。いずれはこの雑誌からオリジナルの製品が生まれるといいと思います」と、地域とデザインを結びつける活動に意欲を燃やしている。

（2022年1月・第77号コアコア新聞）

〔追記〕2024年7月、『のへの』第3号が発行された。

『東北の古本屋』（東北地方）

――震災後の8年間、東北の古本屋を見つめた記録

1934年（昭和9）に創刊された『日本古書通信』は、古本や古本屋についての記事を掲載し、古本好きから『古通』の愛称で親しまれてきた。

昨年（2019年）11月、日本古書通信社の社員である折付《おりつき》桂子さんが書いた『東北の古本屋』が刊行された。

前半は、東北の古本屋を県別に紹介する「東北の古本屋案内」。文化財級の建物の岩手県盛岡市〈東光書店〉や、店の奥に行くほど発見の多い青森県八戸市〈古書坐来《ざらい》〉のようにユニークな古本屋が多数紹介されている。

同社はかつて『全国古本屋地図』というガイドブックを出していたが、最後は2001年刊行だった。新旧の店の変化を知ることができ、ありがたい。

後半の「東日本大震災と古本屋」では、2011年の震災発生後から現在まで、東北の古本屋の状況をリポートする。

「私が福島県出身ということもあり、震災の3週間後にバイクで被災地に向かいました。須賀川市にある〈古書ふみくら〉さんを訪ねると、いわき市の〈岡田書店〉さんが避難していました。古本屋さんは市場で顔を合わせることが多く、互助精神が強いんです」と折付さん。

この時期の『古通』では古本屋の被害状況を報告しているが、店や自宅の損壊、本の被害に加えて、「放射能の付いた本を売るのか」という心ないクレームすらあったという。

やむを得ず廃業した店もあるが、再建した店

が多い。宮城県気仙沼市の〈イーストリアス〉は仮設店舗から山側の地に移転。店主は「店がこの地域にあることが重要」だと語る。もともと地域資料は古本屋の主力商品であり、地域の人たちとの結びつきを大事にしている。

　先に挙げた〈岡田書店〉の自宅は原発事故による退避圏内の楢葉町にあったが、15年に息子さんが楢葉に戻って古本屋をはじめた。帰還者が増えたことで、いまでは地域の人たちが集まる場所になっているという。

　本書は自費出版で５００部発行。表紙には「再生に向かう東北に早く本当の春が来てほしい」と、東北で最初に咲く福島県矢祭《やまつり》町戸津《とつ》辺《べ》の桜の写真を使った。

　取材した古本屋さんから「東北に心を寄せてくれてありがとう」との声をもらう。「自分の店で売りたいから」と仕入れてくれる古本屋が多く、ほぼ完売状態だという。

　震災という非日常のなかで、古本屋さんたちが「本のある日常」を提供しようとする様に、頭が下がる。同時に、地域における店の役割にも気づかされる。「本と地域」をめぐる貴重な記録であるとともに、「まだ行っていない古本屋がこんなにあるのか！」という気持ちをかき立てられる。本書を持って、東北の古本屋めぐりをしたい。

（２０２０年3月・第55号コアコア新聞）

〔追記〕２０２２年、『増補新版　東北の古本屋』（文学通信）が刊行された。

『島根のＯＬ』（北海道札幌市ほか）

——地域を超えて生まれた写真集

２０１９年、あるアート系のサイトで、南阿沙美『島根のＯＬ』という写真集が刊行され、各地で展覧会が開催されるというニュースを見つけた。島根にＯＬがいるのは当たり前のことなんだけど、なんとなくミスマッチな感じだ。出雲市出身の私でも面白いタイトルだと思う。取材したいと発行元を見たら札幌市のギャラリーだった。どうして札幌で、島根なんだ？

メールでやり取りをして、札幌で南さんと〈ｓａｌｏｎ《サロン》 ｃｏｊｉｃａ《コジカ》〉の川上大雅さんに取材する約束をした。それからすぐ、取材で鳥取県米子市の〈本の学校・今井ブックセンター〉に行ったところ、本書のパネル展が開催されていた。制服を着た女性が風景の中でたたずんでいる様に、不思議なインパクトがある。映画のワンシーンのようにも見える。松江城、出雲大社など見覚えのある場所が出てくるのも、県民には嬉しい。

この日はたまたま南さんと、本書をデザインした三宅航太郎さんに出会った。三宅さんは鳥取県の湯梨浜町で〈たみ〉と鳥取市で〈ＹＰｕｂ＆Ｈｏｓｔｅｌ〉という二つのゲストハウスを運営している（取材時）。つまり、本書は北海道の発行者、東京の写真家、島根の被写体、鳥取のデザイナーという、地域を超えたコラボレーションから生まれた写真集なのである。後日、札幌のｓａｌｏｎ ｃｏｊｉｃａを訪れると、同じ建物にギャラリーと法律事務所が入っていた。川上さんは両方のオーナーだという。

「もともと自分でインスタレーション作品を

つくっていたのですが、アーティスト仲間が集まれる場所として２０１０年にギャラリーを開きました」

　展示に合わせてＺＩＮＥを発行したことはあるが、本格的な出版物は今回がはじめてだ。

　一方、南さんは数年前に島根県を訪れ、被写体となった女性に出会い、鳥取のフリーペーパーをつくるプロジェクトで彼女を撮りはじめたという。「東京や岡山でも彼女を撮影しましたけど、なんか違うと思ったんです。島根で撮るのがいいんだ！　と思い、自然にタイトルも決まりました」と南さん。

「２年間撮ってきて、写真集にしたいと思って川上さんに相談しました。デザインの三宅さんも彼女の知り合いなので、相談しながら進められました」

　離れた場所でネットでのやり取りを経て仕事を進めた。

「最後の印刷立ち合いで、３人が長野の印刷所に集まったときにはちょっと泣きそうになりました」と南さんは笑う。初版は１０００部発行。少部数に強い取次のツバメ出版流通をとおして書店に並べる。

「作家が必要とするときに、きちんと本をつくって流通させることができるんだという自信につながりました」と川上さんは云う。

　一見、ローカルなテーマの本が地域を超えたつながりによって生み出され、意外な広がりを見せる。ローカルメディアの新しいかたちではないか。


（２０１９年11月・第51号コアコア新聞）

『鹿渡り』（北海道）

――鹿に導かれて撮った北海道・道東の風景写真集

今年（2020年）10月、銀座のギャラリー〈巷房〉で、白石ちえこさんの写真展が開催された。同ギャラリーは昭和初期に竣工したという奥野ビルにあり、モノクロの写真を観るのにふさわしい場所である。

本展は、写真集『鹿渡り』（蒼穹舎《そうきゅうしゃ》）の刊行を記念したもの。遠くを駆けてゆく鹿、こちらを見つめる鹿や、見渡す限り雪が続く平原、遠浅の海辺などの風景で構成されている。北海道の道東、根室市や網走市、知床半島などで撮影された。

「2014年に帯広市のグループ展に参加したときに、はじめて冬の北海道を訪れました。その後、道東の野性味のある風景に魅せられ、東日本大震災後に感じていた閉塞感が癒されました。それで、よく見かける鹿を道案内に道東をめぐって写真を撮ったんです」と白石さんは云う。

当初、作品としてまとめようという気持ちはなく、偶然出会った鹿や風景を撮っていった。旅の途中で博物館や郷土資料館を訪れ、アイヌや開拓民のことを学んだ。

「その土地ごとにいろんな歴史があるけれど、自然と野生の動物が変わらずそこにいることが特別なことのように思えました。歴史を知ることで、より遠くを見るようになった気がします」

新型コロナウイルスによる自粛期間にこれまで撮った写真を見直し、一冊にまとめることにした。

「最初はもっと判りやすい構成を考えていたのですが、蒼穹舎の大田通貴さんは、木漏れ日や集落など私にとっては意外な写真を選んでくれました。おかげで、いろいろな風景の中に鹿や鳥が点在するような写真集になりました。何度でも繰り返し見られる、飽きのこないものになったのではと思います」

白石さんは神奈川県横須賀市生まれ。はじめて写真を撮ったのは、21歳のインド旅行のとき。その後、写真を撮りつづけてきた。各地で個展やグループ展を行ない、写真集に『サボテンとしっぽ』『島影』がある。

「その場所の持っている雰囲気を感じて、写真を撮ることが多いですね。そうやって撮った写真のなかに共通点が見つかると、それが展示や写真集のテーマになっていくんです」

最近は、日射しや光がさまざまなかたちを見せる様子に関心があると白石さんは云う。

白石さんは、パリ、セーヌ川船上で開催されたブックフェアに参加したことで、パリとヴェネツィアで写真展が開催された。また、イギリスのネット書店でも写真集を扱っている。

「今後も自分なりのペースで、写真を発表していきたいです」と白石さんは語った。

（2020年12月・第64号コアコア新聞）

『探訪 ローカル番組の作り手たち』（山口県）

――隈元信一《くまもとしんいち》さんに聞く　東京の視点では見えないもの

今年（2022年）2月に刊行された『探訪 ローカル番組の作り手たち』（はる書房）は、全国各地の民放テレビ局・ラジオ局、ケーブルテレビ局、コミュニティFM局、臨時災害放送局などを訪ね、番組作りに携わる人たちの話を記録したノンフィクションだ。

「本当は全部の県を取材したかったけど、新型コロナウイルス禍で移動できなくなったのと、掲載誌の『民放』（日本民間放送連盟発行）が休刊したために中断しています」と、著者の隈元信一さんは話す。

1953年、鹿児島県種子島生まれ。79年、朝日新聞社に入社。前橋支局、青森支局で地域のさまざまな問題を取材する。

「消費者運動のリーダーだったアンワー・ファザールさんを取材した際に聞いた『地球規模で考え、地域で行動しよう』が座右の銘になりました」

89年、放送担当となり、衛星放送、アジアの文化などを取材。後に論説委員、編集委員となり、「ラジオの時代」「ジャーナリズム列伝」などの連載を担当。このとき取材した永六輔さんとは親交が続き、後年、評伝『永六輔 時代を旅した言葉の職人』（平凡社）を執筆している。2017年、青森県のむつ支局長として、40年近い新聞記者生活を終える。

「青森のテレビ局や新聞社とは、ライバルであると同時に仲間でもあり、つねに意識していました」と隈元さんは話す。

作り手魂で若い人の力を引き出す

新聞社を辞め、フリーのジャーナリストとなった隈元さんは、２０１７年、『民放』で本書のもとになった連載「日本列島作り手探訪」をスタートする。

「日本列島の津々浦々でいかに面白いラジオ・テレビの番組が作られているか、作り手たちがいかに熱き思いに突き動かされているか、多くの人に知ってほしい」（まえがき）とある。タイトルに「探訪」というやや古めかしい言葉を使ったのは、「記者としての原点だと思うからです」と隈元さんは云う。作り手を訪ね、その言葉を引き出すことに全力を注いでいる。

「作り手たちの、東京からの視点では見えないものを見つけようと、やってきた」「地方には面白いテーマがいっぱい転がっている」などの言葉には説得力がある。

「自分もその地域に住んでいる一人だから、自分のこととして問題に向き合う。反響を呼んだ熊本放送の『祖父の日記～時を超え家族に伝える戦争の真実』は、作り手である井上佳子《けいこ》さんの祖父の残した日記と手紙を題材にしています。また、山口放送の『ふたりの桃源郷』シリーズは、山奥に住む老夫婦を描いたもので、老夫婦が亡くなった後は、その三女夫婦を追っています。作り手たちも代を変えて、長期にわたる取材を続けたものです。近年ではこうした番組の映画化やネット配信によって、全国の視聴者に作品が届けられるようになったことも大きい」

ローカル局では経営者も作り手としての経験がある。「作り手魂を失っていない彼らのもとで若手が育っていく。これは東京のキー局ではできないことです。そして、地域で局同士が影響しあい、他とどう違うことをやるかを考えるようになる」と隈元さんは指摘する。

「地域密着」と「地域連携」

本書では「書籍編」として、番組に関連した本も紹介する。「作り手のジャーナリスト魂を伝えたかった」からだ。

「今後、局の再編は避けられないでしょうが、ローカル局という存在はいままで以上に必要とされる。ローカル番組の未来は、『そこで働く作り手たちがなんとかしてくれる』という信頼感を持っています」

本書は「放送関係の本は売れないですよ」と出版社から断られ、9人の呼びかけ人の「隈元信一さん出版基金」で集まった資金を制作費の一部に充てたという（石井彰「あとがきにかえて」より）。

しかし刊行後、「時代を語る言葉が詰まっている」と読者の共感を呼び、増刷が決まった。

隈元さんは現在、がんで闘病中だが、その言葉は力強い。ジャーナリストとしての矜持を感じた。

放送をテーマにした本書だが、ページをめくれば、『地域人』の読者に響く言葉に出会うはずだ。

（2022年6月・第82号スクエア）

〔追記〕隈元信一さんは2023年10月に死去。

おわりに

『地域人』で仕事をした6年間は濃密だった。

きっかけは、山﨑範子さんだった。20代の頃、山﨑さんたち谷根千工房の『地域雑誌谷中・根津・千駄木』に関心を持ち、この地に住んで以来の付き合いだ。同誌の終刊後、『地域人』の編集部に入った山﨑さんに誘われて、2018年5月号の特集「こんな図書館のあるまちに住みたい」で島根県海士町の図書館と岐阜市立中央図書館を取材した。

それまで雑誌での本屋や図書館の特集で何度か書いたが、多くの場合、取り上げる店や館も字数もレイアウトも決まっており、取材したことの上っ面をなでるようなまとめかたをせざるを得ないことにストレスを感じていた。しかし、『地域人』は良くも悪くもゆるいところがあり、ひとつの記事の分量が長く、私からの提案も柔軟に受け入れてくれた。

私は2005年に仲間と谷根千で始めた「不忍ブックストリートの一箱古本市」をきっかけに、各地に旅するようになり、ブックイベントや本屋、図書館を訪れたり、ローカルメディアを入手したりしていた。『地域人』では、その蓄積を生かせそうに思えた。

その後、「コアコア新聞」内で「ローカルメディア力」を連載しながら、特集によってライターとして参加した。

とくに2019年11月号の「本屋が楽しい　まちが楽しい！」、21年の「本屋は続くよ」では、企画会議から参加して、取材したい地域や本屋を提案した。新刊書店も古本屋も「本屋」として一緒に取り上げることもできた。鳥取、山梨、熊本、広島、香川、福岡、新潟では、地域の老舗から独立系書店までバランスよく取材することができた。新潟の佐渡編では、私設図書館を含めた「本のある場所」紀行というスタイルを採った。県ごとの特集になってからも、和歌山、神奈川、静岡の「本のある場所」を取材した。

取材したなかには、開業したときから何度も訪れている店もある。それでも、改めて聞いてみると、興味深い話が多く出てくるものだ。噂に聞いていた店をはじめて訪れたり、開店したばかりの店にタイミングよく行くことができたのもよかった。

ローカルメディアについては、もともと好きで集めていたが、定点観測できる場を与えてもらったことで、より広い範囲で探すようになった。

地方で発行されているものでも、なるべく直接会って話を聞くようにした。別の目的で行ったときに、発行者に時間をつくってもらって取材することもあった。

しかし、新型コロナウイルス禍で人と会うのが難しくなると、オンラインで取材するようになった。空間を超えて取材することができるのは便利ではあったが、やはり臨場感が得がたく、いまではまた足を運んでの取材に戻りつつある。

私にとって『地域人』は、2017年からライターとして関わった「新潟日報おとなプラス」と並んで、地域に深く潜る機会を与えてくれるメディアだった。

好きなように書かせてくれた山﨑さんをはじめ、歴代の担当編集者に感謝したい。

それだけに、休刊する話を聞いたときのショックは大きかった。最後に書いたのは、2023年5月号の特集「まちを照らす映画館」。山﨑さん渾身の企画だったが、すでに販売ルートを閉じていたため、関係者への配布だけに終わったのはもったいなかった。

今回、「地域人ライブラリー」の最初の一冊として、同誌に書いた「本」に関する文章がまとまるのは嬉しい。読み直すと、取材した店や館だけなく、その町の空気までが蘇ってくるようだ。

改めて、取材させていただいた本屋、図書館、ローカルメディアのみなさんに感謝します。いまはなくなってしまったところもあるけど、この時点で記録できてよかったと思う。企画してくださった『地域人』編集長の渡邊直樹さん、編集担当の小山内美貴子さんにも感謝します。

今年3月には「新潟日報おとなプラス」も終刊し、定期刊行の雑誌という場で「地域」を掘り下げる機会が閉ざされつつある。それでも、どこかに場がないかと機会を伺いつつ、今後も各地の「本」をめぐる状況に関わっていきたいと思う。

2024年9月10日

南陀楼綾繁

【図書館】

海士町中央図書館 (P147)
☗島根県隠岐郡海士町海士1490
☎08514-2-2433

えきライブラリーtetote
(P176)
☗福井県鯖江市日の出町1-2
ハピラインふくい鯖江駅２階
☎0778-42-5886

衣笠駅徒歩１分図書館
(P179)
☗神奈川県横須賀市衣笠栄町
2-66

岐阜市立中央図書館 (P156)
☗岐阜県岐阜市司町40-5
☎058-262-2924

虹霓社／虹ブックス (P154)
☗静岡県富士宮市猪之頭806
☎050-7130-8311（虹霓社）

鯖江市文化の館 (P170)
☗福井県鯖江市水落町2-25-28
☎0778-52-0089

学びの杜
ののいちカレード (P163)
☗石川県野々市市太平寺4-156
☎076-248-8099

みんなの図書館 さんかく
(P152)
☗静岡県焼津市栄町3-3-33

本と珈琲 カピバラ (P119)
☗山梨県甲府市大手2-3-12
☎080-5517-4897

本と自由 (P89)
☗広島県広島市西区横川町
3-4-14
☎082-233-9239

本のあるところ ajiro (P63)
☗福岡県福岡市中央区天神3-6-8
☎080-7346-8139

本の音 (P126)
☗新潟県新潟市西区寺尾東
2-24-8
☎025-201-6544

本屋UNLEARN (P86)
☗広島県福山市東深津町6-3-58
☎084-927-7001

本屋 Title (P29)
☗東京都杉並区桃井1-5-2
☎03-6884-2894

本屋ルヌガンガ (P72)
☗香川県高松市亀井町11-13
☎087-837-4646

mountain bookcase (P121)
☗長野県諏訪郡富士見町落合
9984-574
☎080-4373-6354

丸屋書店 (P132)
☗新潟県佐渡市両津夷181-1
☎0259-27-2238

宮脇書店本店 (P77)
☗香川県高松市丸亀町4-8
☎087-851-3733

朗月堂書店 (P111)
☗山梨県甲府市貢川本町13-6
☎055-228-7356

舒文堂河島書店 (P54)
☗熊本県熊本市中央区上通町11-2
☎096-352-1701

橙書店 (P50)
☗熊本県熊本市中央区練兵町54松田ビル2F
☎096-355-1276

高久書店 (P107)
☗静岡県掛川市掛川642-1
☎0537-29-6120

長崎書店 (P44)
☗熊本県熊本市中央区上通町6-23
☎096-353-0555

長崎次郎書店 (P48)
☗熊本県熊本市中央区新町4-1-19
☎096-354-7973(長崎次郎喫茶室)

なタ書 (P69)
☗香川県高松市瓦町2-9-7
☎070-5013-7020

ナツメ書店 西戸崎店 (P57)
☗福岡県福岡市東区西戸崎1-6-21

徘徊堂 (P65)
☗福岡県福岡市城南区別府1-4-15
☎090-4773-0400

萬松堂 (P123)
☗新潟県新潟市中央区古町通6番町958
☎025-229-2221

BOOKSHOP 本と羊 (P67)
☗福岡県福岡市中央区六本松4-4-12

ブックスキューブリック けやき通り店 (P59)
☗福岡県福岡市中央区赤坂2-1-12
☎092-711-1180

ブックスキューブリック 箱崎店 (P59)
☗福岡県福岡市東区箱崎1-5-14ベルニード箱崎1F
☎092-645-0630

古本イサド ととら堂 (P140)
☗神奈川県逗子市逗子5-3-39
☎046-876-8606

古本屋 弐拾dB (P92)
☗広島県尾道市久保2-3-3
☎080-3875-0384

本屋・図書館データ

本書掲載の本屋、図書館のデータを50音順に掲げ、該当ページを示した。
☗=住所　☎=電話

【本屋】

アトリエ プシケ (P139)
☗神奈川県湯河原町門川63-1
門川倉庫内

あべの古書店 (P109)
☗静岡県静岡市葵区馬場町92-2
☎054-251-3289

今井書店 本の学校
今井ブックセンター (P16)
☗鳥取県米子市新開2-3-10
☎0859-31-5000

今時書店 (P128)
☗新潟県新潟市中央区花町1985

ウィー東城店 (P81)
☗広島県庄原市東城町川東
1348-1
☎08477-2-1188

汽水空港 (P95)
☗鳥取県東伯郡湯梨浜町松崎
434-18

公園前の小さな本屋
みつけどり (P99)
☗鳥取県鳥取市大覚寺124-17
☎090-7504-3588

古書肆 紀国堂 (P105)
☗和歌山県和歌山市卜半町38
和歌山県建築士会館1F
☎073-499-8039

古書分室ミリバール (P92)
☗広島県尾道市三軒家町3-26

kobiri (P135)
☗新潟県佐渡市羽茂大崎1566-3

佐渡市立鳥越文庫 (P136)
☗新潟県佐渡市猿八329
☎0259-66-2011

讃州堂書店 (P74)
☗香川県高松市松島町2-1-9
☎087-834-1533

春光堂書店 (P115)
☗山梨県甲府市中央1-4-4
☎055-233-2334

南陀楼綾繁（なんだろう・あやしげ）

ライター・編集者。１９６７年、島根県出雲市生まれ。２００５年から谷中・根津・千駄木で活動している「不忍ブックストリート」の前代表。全国各地で開催される「一箱古本市」の生みの親でもあり、各地で開催される多くのブックイベントにも関わる。石巻市で本のコミュニティ・スペース「石巻まちの本棚」の運営にも携わる。著書に『町を歩いて本のなかへ』、『蒐める人』、『古本マニア採集帖』、編著に『中央線小説傑作選』『中央線随筆傑作選』など。『地域人』の図書館や本屋特集では、企画から参加し、取材・執筆した。また、同誌の「コアコア新聞」にローカルメディアの記事を46回連載。

「本」とともに地域で生きる

二〇二四年十一月五日　第一版第一刷発行

著者　南陀楼綾繁《なんだろうあやしげ》

発行者　神達知純

発行所　大正大学出版会
〒一七〇―八四七〇
東京都豊島区西巣鴨三―二〇―一
電話　〇三―三九一八―七三一一（代表）

製作・販売　大正大学事業法人　株式会社ティー・マップ
電話　〇三―五三九四―三〇四五
ファクス　〇三―五三九四―三〇九三

印刷・製本　藤原印刷株式会社

ISBN978-4-909099-86-0　C0095
Printed in Japan

地域人ライブラリー刊行にあたって

日本の人口減少は加速度的に進み、東京への一極集中も止まらず、都市と地方の格差は是正されるどころか広がり続けています。

大正大学では2014年10月、地域構想研究所を設立。「日本と地域の希望と未来」を志向する研究活動と、地域活性化の構想と実現を担う人材育成事業を実施しています。2016年4月には「地域に学び、地域をつくる」地域創生学部を新設し、東京のキャンパスでの学びと地域での実習により、地域課題を見極め課題解決する「地域人材」の育成にもつとめています。

これに先立ち2015年9月には、地域構想研究所の事業のひとつとして、地域創生のための総合情報誌『地域人』を創刊。以後2023年5月の第89号まで、別冊2冊を含め91冊を全国の書店で販売してきました。雑誌『地域人』は「地に生きる、地を生かす」をコンセプトに、地域を元気にする「地域人」の活動、先進事例を解説・論説を加えて紹介。地域創生のテキストとしても活用していただきました。

雑誌『地域人』は現在は休刊中ですが、「地域創生」が日本が取り組むべき課題であることは今でも変わりません。雑誌『地域人』で8年間蓄積したコンテンツは、地域創生に取り組むうえでの貴重な資源であり、ヒントとなることでしょう。

大正大学では、2026年の大学創立100周年記念企画のひとつとして、雑誌『地域人』で得たコンテンツをもとに編集した新たな書籍シリーズ「地域人ライブラリー」をここに刊行し、「地域創生」に向けてさらに取り組んでまいります。

2024年11月